Parler italien facilement

3 en 1 pratique complète de l'italien pour les débutants

Parler italien facilement - 3 en 1 pratique complète de l'italien pour les débutants : Maîtrisez le vocabulaire italien utile, les phrases essentielles en italien et les phrases de conversation quotidienne en italien

Publié en 2023 par Dialog Abroad Books

0921 002
2 4 6 8 10 9 7 5 3
ISBN 9783985522415

Contenu

LIVRE 1: Retenir le vocabulaire italien 4
LIVRE 2: Parlez italien rapidement avec 1001 phrases italienes 109
LIVRE 3: Aventures en italien 199
Plus de Dialog Abroad 299

LIVRE 1:
Retenir le vocabulaire italien

1001 questions de vocabulaire italien pour parler couramment l'italien

LIVRE 1 Contenu

NOMS 6
VERBES 49
ADJECTIFS 67
PRÉPOSITIONS 89
RÉPONSES 94

Chapitre 1

NOMS

1. Quelle est la traduction correcte pour “la fourmi”?
i capelli | la dimensione | il mobile | la formica

2. Quelle est la traduction correcte pour “la population”?
il centro | il sacco | il cappello | la popolazione

3. Quelle est la traduction correcte pour “la côte”?
la costa | il corno | la frittella | l'olio

4. Quelle est la traduction correcte pour “l'histoire”?
l'entrata | la storia | il mattone | la gola

5. Quelle est la traduction correcte pour “le sel”?
il sale | la nota | i popcorn | il ramoscello

6. Quelle est la traduction correcte pour “le mois”?
il mese | la culla | il tasso | la stazione

7. Quelle est la traduction correcte pour “le mur”?
la casa | l'aeroplano | il muro | l'ordine

8. Quelle est la traduction correcte pour “la cuillère”?
la latta | la radice | il velo | il cucchiaio

9. Quelle est la traduction correcte pour “l'instrument”?
il voto | il cielo | lo strumento | il sentimento

10. Quelle est la traduction correcte pour “le signe”?
le oche | il fantasma | il segno | le canzoni

11. Quelle est la traduction correcte pour “la maison”?
lo stelo | la gola | il nervo | la casa

12. Quelle est la traduction correcte pour “la partie”?
la parte | la stanza | il tubo flessibile | il nonno

13. Quelle est la traduction correcte pour “l'astuce”?
la regina | il trucco | la parte anteriore | la casa

14. Quelle est la traduction correcte pour “la fenêtre”?
il governatore | il pasto | il secchio | la finestra

15. Quelle est la traduction correcte pour “l'ile”?
il guanto | la mozione | l'isola | il confine

16. Quelle est la traduction correcte pour “la catégorie”?
lo spettacolo | il panno | la categoria | il portiere

17. Quelle est la traduction correcte pour “la connexion”?
le lumache | il nord | la connessione | la pipa

18. Quelle est la traduction correcte pour “la note”?
il bit | il voto | la corsa | l'apparecchio

19. Quelle est la traduction correcte pour “la médecine”?
il credito | la medicina | la trazione | la nave

20. Quelle est la traduction correcte pour “le goût”?
il sapore | la rabbia | la rana | la tavola

21. Quelle est la traduction correcte pour “la famille”?
la famiglia | la salute | il tacchino | la distribuzione

22. Quelle est la traduction correcte pour “la montagne”?
lo starnuto | la montagna | la fattoria | la bolla

23. Quelle est la traduction correcte pour “le nombre”?
l'edificio | i capelli | l'aritmetica | il numero

24. Quelle est la traduction correcte pour “la guitare”?
l'ala | il creatore | la chitarra | le ragazze

25. Quelle est la traduction correcte pour “l'océan”?
il fuoco | il bagno | l'oceano | il limite

26. Quelle est la traduction correcte pour “le train”?
la magia | la pistola | la pallavolo | il treno

27. Quelle est la traduction correcte pour “le cable”?
la tenda | il cavo | le gambe | la porta

28. Quelle est la traduction correcte pour “l'avion”?
il naso | il motore | l'aeroplano | la bomba

29. Quelle est la traduction correcte pour “le légume”?
gli amici | la verdura | l'amico | la lampada

30. Quelle est la traduction correcte pour “la pluie”?
la pioggia | i cavalli | il furgone | la primavera

31. Quelle est la traduction correcte pour “le point”?
il punto | il sistema | la nuotata | la casa

32. Quelle est la traduction correcte pour “la nourriture”?
il cibo | la struttura | la scimmia | la gonna

33. Quelle est la traduction correcte pour “la fondation”?
il valore | la bambola | la fondazione | lo shock

34. Quelle est la traduction correcte pour “le corbeau”?
la stringa | il corvo | l'idea | la vasca

35. Quelle est la traduction correcte pour “le petit ami”?
gli uomini | la piantagione | la nascita | il fidanzato

36. Quelle est la traduction correcte pour “l'université”?
la madre | la vanga | l'università | la carta

37. Quelle est la traduction correcte pour “la question”?
la fiamma | il naso | l'errore | la domanda

38. Quelle est la traduction correcte pour “l'angle”?
l'angolo | il guanto | il calcio | il pomeriggio

39. Quelle est la traduction correcte pour “la lettre”?
la lettera | il gesso | bambini | la pentola

40. Quelle est la traduction correcte pour “la fée”?
il vaso | la fata | lo yak | i rifiuti

41. Quelle est la traduction correcte pour “la profondeur”?
il frutto | la possibilità | la profondità | l'esca

42. Quelle est la traduction correcte pour “l'art”?
la vena | la polvere | la ricompensa | l'arte

43. Quelle est la traduction correcte pour “la dette”?
le case | la bomba | la penna | il debito

44. Quelle est la traduction correcte pour “l'arbre”?
la svolta | la neve | la distanza | l'albero

45. Quelle est la traduction correcte pour “l'alarme”?
l'occhio | l'allarme | il fiore | il campo

46. Quelle est la traduction correcte pour “la bouteille”?
la risata | il retro | la bottiglia | la scrivania

47. Quelle est la traduction correcte pour “le virus”?
il virus | il suono | la biancheria intima | la coda

48. Quelle est la traduction correcte pour “le camion”?
il medaglione | il cappello | la discesa | il camion

49. Quelle est la traduction correcte pour “la pomme de terre”?
il pettirosso | la patata | la cornice | la speranza

50. Quelle est la traduction correcte pour “le riz”?
il tempo | il riso | il cimitero | il flusso

51. Quelle est la traduction correcte pour “le crayon”?
il sorriso | l'anatra | il pastello | il tipo

52. Quelle est la traduction correcte pour “la frontière”?
la condizione | il ghiacciolo | l'ospedale | il confine

53. Quelle est la traduction correcte pour “la porte”?
il cancello | la sabbia | il problema | il burro

54. Quelle est la traduction correcte pour “le clavier”?
la rosa | la crostata | il punto | la tastiera

55. Quelle est la traduction correcte pour “le bouton”?
il vulcano | l'altalena | il tasto | la campana

56. Quelle est la traduction correcte pour “l'espace”?
lo spazio | i maiali | il legname | le anatre

57. Quelle est la traduction correcte pour "l'orange"?
i libri | la nonna | la ferrovia | l'arancia

58. Quelle est la traduction correcte pour "la bataille"?
i prodotti | la battaglia | la giraffa | il fischio

59. Quelle est la traduction correcte pour "le fils"?
la ciliegia | il figlio | il fulmine | l'importo

60. Quelle est la traduction correcte pour "l'atmosphère"?
il formaggio | il minuto | l'orecchio | l'atmosfera

61. Quelle est la traduction correcte pour "la compétence"?
la metà | l'arancia | il quarzo | l'abilità

62. Quelle est la traduction correcte pour "l'animal de compagnie"?
la lingua | l'animale domestico | la pace | il piatto

63. Quelle est la traduction correcte pour "la boisson gazéifiée"?
la strada | la gazzosa | lo spaventapasseri | il corno

64. Quelle est la traduction correcte pour "le carré"?
la fattoria | la didascalia | la piazza | la tasca

65. Quelle est la traduction correcte pour "le traitement"?
la cura | la radice | la battaglia | le lumache

66. Quelle est la traduction correcte pour "le pot"?
la cera | il vaso | la testa | il vagabondo

67. Quelle est la traduction correcte pour "la peinture"?
il dipinto | le gambe | il fuoco | i gatti

68. Quelle est la traduction correcte pour "la vérité"?
la verità | la mensa | il viaggio | la monetina

69. Quelle est la traduction correcte pour “l'imagination”?
lo zio | l'esercito | il ragazzo | l'immaginazione

70. Quelle est la traduction correcte pour “la police”?
il velo | la salute | la scienza | la polizia

71. Quelle est la traduction correcte pour “la route”?
il pagamento | il fucile | la frusta | la strada

72. Quelle est la traduction correcte pour “les données”?
la città | la borsa | il centesimo | i dati

73. Quelle est la traduction correcte pour “le trou”?
l'aeroplano | l'armonia | il buco | il tempo

74. Quelle est la traduction correcte pour “le canapé”?
l'ora | la mossa | il divano | il coltello

75. Quelle est la traduction correcte pour “les média”?
il dito | la lana | i dinosauri | i media

76. Quelle est la traduction correcte pour “le crochet”?
il lato | il crimine | la costa | l'uncino

77. Quelle est la traduction correcte pour “la mer”?
il mare | il ponte | il camion | il compleanno

78. Quelle est la traduction correcte pour “le propriétaire”?
il proprietario | il fantasma | il fatto | lo zinco

79. Quelle est la traduction correcte pour “la relation”?
il rapporto | il fucile | i camion | la trama

80. Quelle est la traduction correcte pour “la main”?
la credenza | la mano | la carta | l'anatra

81. Quelle est la traduction correcte pour “le département”?
il dipartimento | il pizzo | la festa | i fiori

82. Quelle est la traduction correcte pour “le beurre”?
la segretaria | la calcolatrice | il burro | il carpentiere

83. Quelle est la traduction correcte pour “l'image”?
il comitato | la biancheria | la foto | il verso

84. Quelle est la traduction correcte pour “le meneur”?
il potere | fine | il capo | il reddito

85. Quelle est la traduction correcte pour “le bois”?
l'osservazione | il legno | il cuoco | il pattino

86. Quelle est la traduction correcte pour “la gauche”?
l'industria | il gruppo | i gattini | la sinistra

87. Quelle est la traduction correcte pour “la ligne”?
la mozione | la ricchezza | la linea | gli amici

88. Quelle est la traduction correcte pour “la terre”?
la noce | la terra | l'approvazione | il cracker

89. Quelle est la traduction correcte pour “l'odeur”?
lo spazzolino da denti | l'odore | il nome | il gesso

90. Quelle est la traduction correcte pour “la taille”?
il vagabondo | i bambini | la dimensione | le campane

91. Quelle est la traduction correcte pour “la rue”?
il passeggero | la strada | la fiamma | il sistema

92. Quelle est la traduction correcte pour “la colline”?
i fiori | l'uncino | il divano | la collina

93. Quelle est la traduction correcte pour “la montre”?
la carta | l'orologio | gli uomini | il cavo

94. Quelle est la traduction correcte pour “le paiement”?
la casa | il pagamento | il vaso | il visitatore

95. Quelle est la traduction correcte pour “le volume”?
il volume | la figlia | la cosa | il martello

96. Quelle est la traduction correcte pour “le rideau”?
la tenda | l'espansione | la connessione | l'ape

97. Quelle est la traduction correcte pour “les funérailles”?
la misura | la divisione | il trifoglio | il funerale

98. Quelle est la traduction correcte pour “le poignet”?
il polso | in seguito | la gamba | la macchina

99. Quelle est la traduction correcte pour “le conducteur”?
le arance | il calore | il mese | l'autista

100. Quelle est la traduction correcte pour “l'aile”?
l'ala | la curva | la scrittura | il dito

101. Quelle est la traduction correcte pour “la lune”?
il flusso | la serratura | la luna | il filato

102. Quelle est la traduction correcte pour “le tonnerre”?
il fulmine | la prosa | la faccia | il look

103. Quelle est la traduction correcte pour “la vidéo”?
l'accordo | la digestione | il video | il fantasma

104. Quelle est la traduction correcte pour “l'ami”?
la lettura | la ragnatela | l'amico | il rumore

105. Quelle est la traduction correcte pour “la bouche”?
il lavandino | la bocca | la caduta | il calore

106. Quelle est la traduction correcte pour “le baiser”?
bambini | il bacio | l'aria | le case

107. Quelle est la traduction correcte pour “le fond”?
il fondo | il tasso | il confine | la festa

108. Quelle est la traduction correcte pour “le désastre”?
il disastro | la tavola | il quartiere | la voce

109. Quelle est la traduction correcte pour “l'exemple”?
l'esempio | la paglia | il tocco | la guerra

110. Quelle est la traduction correcte pour “l'industrie”?
l'approvazione | il biglietto | il temperamento | l'industria

111. Quelle est la traduction correcte pour “le poison”?
il cappello | la ciliegia | il ghiaccio | il veleno

112. Quelle est la traduction correcte pour “la tente”?
la tenda | il consiglio | lo zucchero | il grado

113. Quelle est la traduction correcte pour “la semaine”?
lo zoo | la settimana | la carta | la calma

114. Quelle est la traduction correcte pour “le consommateur”?
le ragazze | il cliente | la macchina | il vestito

115. Quelle est la traduction correcte pour “le triangle”?
il nome | il fumo | la paglia | il triangolo

116. Quelle est la traduction correcte pour “l'année”?
l'anno | le cose | il look | il bordo

117. Quelle est la traduction correcte pour “la devise”?
la folla | il confine | le torte | la moneta

118. Quelle est la traduction correcte pour “le brouillard”?
la pietra | il miele | la nebbia | la distruzione

119. Quelle est la traduction correcte pour “le fromage”?
il respiro | il formaggio | l'occhio | la cerniera

120. Quelle est la traduction correcte pour “la porte”?
il secchio | i treni | il coniglio | la porta

121. Quelle est la traduction correcte pour “le frère”?
la bacca | il fratello | il terreno | la posizione

122. Quelle est la traduction correcte pour “le serpent”?
il serpente | il sale | il timore | la lettera

123. Quelle est la traduction correcte pour “l'enseignant”?
l'erba | l'account | l'insegnante | il tasso

124. Quelle est la traduction correcte pour “la poudre”?
il viaggio | la polvere | la gonna | i pomodori

125. Quelle est la traduction correcte pour “la guerre”?
la plastica | la guerra | la lampada | il sole

126. Quelle est la traduction correcte pour “l'écrivain”?
lo scrittore | il collo | l'anno | l'ago

127. Quelle est la traduction correcte pour “l'étranger”?
la notte | la porta | l'attacco | lo sconosciuto

128. Quelle est la traduction correcte pour “le moment”?
la massa | l'albero | il momento | il morso

129. Quelle est la traduction correcte pour "le loisir"?
il quarzo | il valore | il serpente | l'hobby

130. Quelle est la traduction correcte pour "l'argument"?
la vacanza | l'argomento | l'insegnamento | i letti

131. Quelle est la traduction correcte pour "le problème"?
il partner | la scrivania | il problema | la riva del mare

132. Quelle est la traduction correcte pour "l'application"?
le mani | l'evento | l'applicazione | la strada

133. Quelle est la traduction correcte pour "la carte"?
la mappa | l'uccello | l'ombra | l'uccello

134. Quelle est la traduction correcte pour "le contexte"?
il contesto | l'olio | i pantaloni | la gamba

135. Quelle est la traduction correcte pour "le coude"?
il gomito | i giganti | l'amore | la farina d'avena

136. Quelle est la traduction correcte pour "le volcan"?
il carburante | il baseball | il vulcano | l'aereo

137. Quelle est la traduction correcte pour "le pot"?
la pentola | il centesimo | il rotolo | il motore

138. Quelle est la traduction correcte pour "le groupe"?
il club | il gruppo | la chiave inglese | il cibo

139. Quelle est la traduction correcte pour "la météo"?
il tempo | la scuola | le torte | il tasto

140. Quelle est la traduction correcte pour "le bain"?
la bocca | il lavandino | inverno | il bagno

141. Quelle est la traduction correcte pour “la crêpe”?
l'esercito | il secchio | la cosa | la frittella

142. Quelle est la traduction correcte pour “le miel”?
il miele | il giogo | la marmellata | lo stivale

143. Quelle est la traduction correcte pour “la pollution”?
il bagno | l'inquinamento | il cerchio | l'educazione

144. Quelle est la traduction correcte pour “le charpentier”?
il carpentiere | lo stomaco | la matita | lo scrittore

145. Quelle est la traduction correcte pour “le chat”?
il gatto | la stampa | la foto | il massaggio

146. Quelle est la traduction correcte pour “la chimie”?
il truffatore | le canzoni | l'uovo | la chimica

147. Quelle est la traduction correcte pour “le chou”?
la serratura | lo spazio | il cavolo | i pantaloni

148. Quelle est la traduction correcte pour “le canard”?
l'anatra | la pallacanestro | l'equilibrio | il business

149. Quelle est la traduction correcte pour “le tremblement de terre”?
lo zefiro | il terremoto | l'arco | il fumo

150. Quelle est la traduction correcte pour “l'anniversaire”?
il compleanno | i rifiuti | la misura | la stanza

151. Quelle est la traduction correcte pour “la paille”?
la parte | il parassita | la paglia | l'odore

152. Quelle est la traduction correcte pour “le bâtiment”?

il bestiame | l'edificio | la ruota | lo spettacolo

153. Quelle est la traduction correcte pour “la puissance”?
il dentifricio | il comitato | il potere | la cura

154. Quelle est la traduction correcte pour “le souhait”?
la ricompensa | il punto | il sedano | il desiderio

155. Quelle est la traduction correcte pour “le verre”?
la piantagione | la scarpa | il vetro | l'ottone

156. Quelle est la traduction correcte pour “le gagnant”?
la mano | il vincitore | la sostanza | il sé

157. Quelle est la traduction correcte pour “l'estomac”?
lo stomaco | i popcorn | il centro | il gatto

158. Quelle est la traduction correcte pour “le lit”?
il letto | il pin | il ponte | il club

159. Quelle est la traduction correcte pour “le cou”?
il pollame | il collo | il carburante | la mano

160. Quelle est la traduction correcte pour “la gare”?
la stazione | il tocco | il serbatoio | l'acciaio

161. Quelle est la traduction correcte pour “le succès”?
la chiesa | la stanza | la cima | il successo

162. Quelle est la traduction correcte pour “la fourchette”?
l'uomo | la forchetta | il freno | il ritmo

163. Quelle est la traduction correcte pour “le menton”?
il mento | la frittella | l'entrata | la nave

164. Quelle est la traduction correcte pour “la calculatrice”?

l'asta | la calcolatrice | il limite | il suono

165. Quelle est la traduction correcte pour “la connaissance”?
la tasca | la conoscenza | il fratello | il rimpianto

166. Quelle est la traduction correcte pour “le film”?
il limite | la distribuzione | il film | la didascalia

167. Quelle est la traduction correcte pour “la poche”?
il sé | la tasca | l'argento | il corvo

168. Quelle est la traduction correcte pour “le goût”?
il letto | il porto | il sapore | l'armonia

169. Quelle est la traduction correcte pour “le sens”?
l'aritmetica | il senso | la camera da letto | l'esperto

170. Quelle est la traduction correcte pour “le port”?
il lavoro | l'allarme | il porto | il buco

171. Quelle est la traduction correcte pour “la recette”?
il suggerimento | la ricetta | l'abito | la rosa

172. Quelle est la traduction correcte pour “la définition”?
la definizione | la canzone | il grado | l'inchiostro

173. Quelle est la traduction correcte pour “la personne”?
la persona | il ferro | la trapunta | la ragione

174. Quelle est la traduction correcte pour “le lac”?
il piacere | la vasca | il lago | gli anelli

175. Quelle est la traduction correcte pour “la sécurité”?
la macchina | la sicurezza | il pompiere | il frutto

176. Quelle est la traduction correcte pour “la tante”?

il ministro | la zia | il ghiaccio | il ramo

177. Quelle est la traduction correcte pour “le sens”?
il timore | l'osservazione | la corsa | il significato

178. Quelle est la traduction correcte pour “la position”?
la posizione | il miele | il business | la mensola

179. Quelle est la traduction correcte pour “le chien”?
gli animali domestici | il cane | il medaglione | il cucciolo

180. Quelle est la traduction correcte pour “les meubles”?
il mobile | la cassa | il piede | l'abbigliamento

181. Quelle est la traduction correcte pour “le manteau”?
il cappotto | il sottaceto | la guida | il potere

182. Quelle est la traduction correcte pour “le plancher”?
il ragazzo | il cibo | il pavimento | il piede

183. Quelle est la traduction correcte pour “le prix”?
l'assicurazione | i soldi | lo starnuto | il prezzo

184. Quelle est la traduction correcte pour “l'article”?
l'articolo | la punta | l'igname | l'osso

185. Quelle est la traduction correcte pour “le produit”?
la carrozza | l'oro | il prodotto | il trattamento

186. Quelle est la traduction correcte pour “la télévision”?
il serbatoio | la mosca | i maiali | la televisione

187. Quelle est la traduction correcte pour “l'invention”?
il principiante | il vetro | il mento | l'invenzione

188. Quelle est la traduction correcte pour “l'étoile”?

le uova | la tosse | la stella | il giubbotto

189. Quelle est la traduction correcte pour “la reine”?
la regina | il pollice | i cani | il parassita

190. Quelle est la traduction correcte pour “la boîte aux lettres”?
il confronto | la cassetta postale | i cavalli | il modulo

191. Quelle est la traduction correcte pour “le sourire”?
la traccia | il gruppo | il sorriso | la strada

192. Quelle est la traduction correcte pour “haut”?
la ricchezza | il corrente | la cima | la nazione

193. Quelle est la traduction correcte pour “l'extérieur”?
l'esterno | la distribuzione | gli scacchi | il campo

194. Quelle est la traduction correcte pour “le diamant”?
i soldi | le case | il cappello | il diamante

195. Quelle est la traduction correcte pour “l'insigne”?
il reddito | il cactus | il distintivo | il pasto

196. Quelle est la traduction correcte pour “le métal”?
il cibo | la presa | il metallo | la possibilità

197. Quelle est la traduction correcte pour “la plante”?
il pastello | la faretra | la pianta | i treni

198. Quelle est la traduction correcte pour “la roue”?
i treni | la ruota | il corno | le onde

199. Quelle est la traduction correcte pour “la réunion”?
la zuppa | i rifiuti | l'incontro | lo spazio

200. Quelle est la traduction correcte pour “l'aiguille”?

il cucciolo | il pollame | la crescita | l'ago

201. Quelle est la traduction correcte pour “la boîte”?
la zanna | la partenza | la scatola | il cappotto

202. Quelle est la traduction correcte pour “l'église”?
il furgone | la vongola | la chiesa | la proposta

203. Quelle est la traduction correcte pour “le fait”?
le canzoni | la scivolata | il fatto | la società

204. Quelle est la traduction correcte pour “l'accident”?
l'anno | l'incidente | la ferrovia | il carcere

205. Quelle est la traduction correcte pour “la langue”?
la forza | il palco | il tocco | la lingua

206. Quelle est la traduction correcte pour “l'enfance”?
l'attrazione | la gazzosa | l'infanzia | le formiche

207. Quelle est la traduction correcte pour “l'écureuil”?
lo scoiattolo | l'aeroporto | i denti | il pollice

208. Quelle est la traduction correcte pour “la crème”?
la seta | la crema | l'uso | la tendenza

209. Quelle est la traduction correcte pour “le sac”?
il sacco | la ragione | la credenza | la scena

210. Quelle est la traduction correcte pour “l'idée”?
le bambole | la competizione | il giogo | l'idea

211. Quelle est la traduction correcte pour “l'œuf”?
l'uovo | il vaso | lo stomaco | la conoscenza

212. Quelle est la traduction correcte pour “l'entrée”?

la dichiarazione | l'impulso | l'entrata | la parcella

213. Quelle est la traduction correcte pour “la neige”?
la morte | il velo | la neve | la regolazione

214. Quelle est la traduction correcte pour “l'entreprise”?
le biciclette | l'apparato | l'azienda | lo scoppio

215. Quelle est la traduction correcte pour “la description”?
il nodo | il salto | la descrizione | il luogo

216. Quelle est la traduction correcte pour “l'école”?
la scuola | la lumaca | la monetina | i cespugli

217. Quelle est la traduction correcte pour “la machine”?
la scarpa | le oche | il nido | la macchina

218. Quelle est la traduction correcte pour “la performance”?
l'incontro | il cuoio | la prestazione | la perdita

219. Quelle est la traduction correcte pour “le téléphone portable”?
la settimana | il cellulare | la dichiarazione | il pesce

220. Quelle est la traduction correcte pour “la maison”?
la casa | i camion | il prezzo | il profumo

221. Quelle est la traduction correcte pour “le profit”?
lo zucchero | le rane | il profitto | il nome

222. Quelle est la traduction correcte pour “le système”?
il bambino | l'inchiostro | l'asino | il sistema

223. Quelle est la traduction correcte pour “la santé”?
le forbici | la salute | il temperamento | il corrente

224. Quelle est la traduction correcte pour “la raison”?

la ragione | la memoria | il rastrello | l'uomo

225. Quelle est la traduction correcte pour “la conversation”?
la trapunta | le ciliegie | la forza | la conversazione

226. Quelle est la traduction correcte pour “la zone”?
la sorpresa | l'area | la palla | il cancello

227. Quelle est la traduction correcte pour “le stylo”?
il modulo | l'aratro | i conigli | la penna

228. Quelle est la traduction correcte pour “la responsabilité”?
la scena | la responsabilità | il drenaggio | il tallone

229. Quelle est la traduction correcte pour “le gâteau”?
la torta | lo strumento | le mucche | la fermata

230. Quelle est la traduction correcte pour “la distance”?
le piante | la distanza | la terra | la piega

231. Quelle est la traduction correcte pour “le chemin”?
l'amore | il modo | la proposta | il vassoio

232. Quelle est la traduction correcte pour “l'hôtel”?
l'albergo | il pipistrello | il voto | la risata

233. Quelle est la traduction correcte pour “le jouet”?
il nevischio | la voce | il giocattolo | il maiale

234. Quelle est la traduction correcte pour “la bombe”?
la bomba | la ragnatela | l'odio | la culla

235. Quelle est la traduction correcte pour “la méthode”?
i letti | il metodo | il pipistrello | le sorelle

236. Quelle est la traduction correcte pour “l'enfant”?

la lana | il controllo | il bambino | la svolta

237. Quelle est la traduction correcte pour “le vol”?
il territorio | lo scricciolo | il volo | il mare

238. Quelle est la traduction correcte pour “l'attraction”?
lo sviluppo | il cucchiaio | lo zoo | l'attrazione

239. Quelle est la traduction correcte pour “la magie”?
i topi | padella | la curva | la magia

240. Quelle est la traduction correcte pour “le journal”?
le lettere | il giornale | il dottore | il bambino

241. Quelle est la traduction correcte pour “l'autoroute”?
il latte | la spinta | l'autostrada | il bestiame

242. Quelle est la traduction correcte pour “la face”?
il fulmine | il giorno | la faccia | la spia

243. Quelle est la traduction correcte pour “l'humour”?
la selezione | la scossa | l'umorismo | la pistola

244. Quelle est la traduction correcte pour “le sang”?
il sangue | la grotta | il trattamento | le ciliegie

245. Quelle est la traduction correcte pour “l'employé”?
il dipendente | la penna | la creatura | la cornice

246. Quelle est la traduction correcte pour “le pourcentage”?
la percentuale | l'esigenza | il tasto | la cassetta postale

247. Quelle est la traduction correcte pour “le sac à dos”?
la terra | lo zaino | l'ape | l'effetto

248. Quelle est la traduction correcte pour “le livre”?

il libro | la stella | il tasto | le dita dei piedi

249. Quelle est la traduction correcte pour "la robe"?
il vestito | il creatore | il dente | l'approvazione

250. Quelle est la traduction correcte pour "le bébé"?
il bambino | la polvere | le scarpe | il pompiere

251. Quelle est la traduction correcte pour "la nature"?
l'apparato | la natura | l'insetto | il metallo

252. Quelle est la traduction correcte pour "la fille"?
la forma | la condizione | la figlia | i cani

253. Quelle est la traduction correcte pour "le côté"?
la ruota | il lato | la folla | le scarpe

254. Quelle est la traduction correcte pour "l'écharpe"?
la gonna | la sciarpa | il pensiero | il calzino

255. Quelle est la traduction correcte pour "la créature"?
lo yak | la creatura | il letto | la carne

256. Quelle est la traduction correcte pour "la quantité"?
l'ago | il pomeriggio | lo spacco | l'importo

257. Quelle est la traduction correcte pour "la cave"?
l'uso | la risata | la grotta | la classe

258. Quelle est la traduction correcte pour "la différence"?
il seme | il giogo | la differenza | la mente

259. Quelle est la traduction correcte pour "le doigt de pied"?
il calendario | il gatto | l'ala | la punta

260. Quelle est la traduction correcte pour "la fleur"?

l'auto | la coda | lo zefiro | il fiore

261. Quelle est la traduction correcte pour “la graine”?
la carne | il seme | il divano | il vetro

262. Quelle est la traduction correcte pour “l'investissement”?
l'investimento | la carta | il brivido | il passeggero

263. Quelle est la traduction correcte pour “le moteur”?
il ratto | le campane | il motore | il marmo

264. Quelle est la traduction correcte pour “la queue”?
la coda | la nazione | il passeggero | le oche

265. Quelle est la traduction correcte pour “l'os”?
l'osso | l'ombrello | il mobile | il bit

266. Quelle est la traduction correcte pour “l'échec”?
la sostanza | il fallimento | l'esperto | il governatore

267. Quelle est la traduction correcte pour “la glace”?
l'asino | la scala | il ghiaccio | il formaggio

268. Quelle est la traduction correcte pour “le bijou”?
la sciarpa | il gioiello | il bordo | la giraffa

269. Quelle est la traduction correcte pour “le ciel”?
il lago | il cielo | il negozio | il sapore

270. Quelle est la traduction correcte pour “le joueur”?
il collare | le sabbie mobili | l'incontro | il giocatore

271. Quelle est la traduction correcte pour “l'ombre”?
l'ombra | il serpente | il pollo | il gioiello

272. Quelle est la traduction correcte pour “l'huile”?

il rastrello | il volo | lo scoiattolo | l'olio

273. Quelle est la traduction correcte pour “l'appartement”?
la lampada | il senso | il cimitero | l'appartamento

274. Quelle est la traduction correcte pour “l'effort”?
lo sforzo | la causa | la miniera | la collina

275. Quelle est la traduction correcte pour “le chapeau”?
il tacchino | l'acqua | il cappello | il vapore

276. Quelle est la traduction correcte pour “la viande”?
il gruppo | la carne | la grotta | il design

277. Quelle est la traduction correcte pour “l'herbe”?
l'erba | il muscolo | l'auto | il braccio

278. Quelle est la traduction correcte pour “la page”?
il nord | il cavolo | la pagina | l'angolo

279. Quelle est la traduction correcte pour “les logiciels”?
la sporcizia | il cappello | il software | l'uso

280. Quelle est la traduction correcte pour “la coupe de cheveux”?
l'idea | il profitto | il pipistrello | il taglio di capelli

281. Quelle est la traduction correcte pour “l'énergie”?
l'insegnamento | l'energia | il club | la creatura

282. Quelle est la traduction correcte pour “les gens”?
lo scoppio | la punta | la storia | la gente

283. Quelle est la traduction correcte pour “la jambe”?
la mensola | la protesta | la storia | la gamba

284. Quelle est la traduction correcte pour “la fin”?

il corno | l'atto | il riso | fine

285. Quelle est la traduction correcte pour “le marteau”?
il porto | il tempo | il martello | il cuoco

286. Quelle est la traduction correcte pour “la température”?
il carcere | il titolo | la temperatura | la lama

287. Quelle est la traduction correcte pour “le menu”?
la cosa | il forno | il vulcano | il menu

288. Quelle est la traduction correcte pour “le quartier”?
il sapore | il foglio | il test | il quartiere

289. Quelle est la traduction correcte pour “la soupe”?
il pasto | la zuppa | il papà | l'arte

290. Quelle est la traduction correcte pour “la hauteur”?
l'altezza | le formiche | la trama | la nonna

291. Quelle est la traduction correcte pour “l'opinion”?
il cassetto | il nevischio | la gelatina | l'opinione

292. Quelle est la traduction correcte pour “la cloche”?
lo scambio | la campana | il negozio | la scimmia

293. Quelle est la traduction correcte pour “le soleil”?
il sole | il cappello | lo scoppio | la marmellata

294. Quelle est la traduction correcte pour “le liquide”?
il brivido | il deserto | il liquido | la noce

295. Quelle est la traduction correcte pour “la qualité”?
il cavolo | la qualità | il seme | la pagina

296. Quelle est la traduction correcte pour “la combinaison”?

il buco | la combinazione | la tendenza | la crostata

297. Quelle est la traduction correcte pour “l'animal”?
il cambiamento | il piacere | l'animale | la partenza

298. Quelle est la traduction correcte pour “le poème”?
la biblioteca | la vacanza | il realizzatore | il poema

299. Quelle est la traduction correcte pour “les ciseaux”?
le forbici | la carne bovina | la medusa | l'azienda

300. Quelle est la traduction correcte pour “le rat”?
l'acciaio | la tenda | l'azione | il ratto

301. Quelle est la traduction correcte pour “le compte”?
il tempo | l'account | le arance | il cucchiaio

302. Quelle est la traduction correcte pour “la chambre”?
i giochi | il suono | la camera da letto | la guida

303. Quelle est la traduction correcte pour “la table”?
la matita | la speranza | il dente | la tavola

304. Quelle est la traduction correcte pour “le géant”?
il giorno | il gigante | il ragazzo | il truffatore

305. Quelle est la traduction correcte pour “la chose”?
la cosa | il pompiere | il sentimento | le lettere

306. Quelle est la traduction correcte pour “le passager”?
il sentimento | il figlio | il passeggero | il lavaggio

307. Quelle est la traduction correcte pour “la compétition”?
l'esperto | l'ago | la competizione | l'espansione

308. Quelle est la traduction correcte pour “le sous-vetement”?

il nervo | la religione | la biancheria intima | la bocca

309. Quelle est la traduction correcte pour “les devoirs”?
il fratello | lo strumento | i compiti per casa | l'ombra

310. Quelle est la traduction correcte pour “le gilet”?
l'addizione | il giubbotto | il visitatore | il lago

311. Quelle est la traduction correcte pour “le dîner”?
la cena | la riva del mare | la vista | la gazzosa

312. Quelle est la traduction correcte pour “la nuit”?
l'uovo | la notte | il bambino | il caldo

313. Quelle est la traduction correcte pour “le milieu”?
la metà | il cestino | l'unità | il numero

314. Quelle est la traduction correcte pour “le gant”?
la tela | il guanto | la classe | l'indovinello

315. Quelle est la traduction correcte pour “la gamme”?
il controllo | la distruzione | il rastrello | la gamma

316. Quelle est la traduction correcte pour “l'humeur”?
il gioiello | l'umore | i gatti | il gregge

317. Quelle est la traduction correcte pour “la musique”?
la musica | la proposta | il maiale | la stringa

318. Quelle est la traduction correcte pour “l'oeil”?
gli hobby | l'occhio | il vaso | il dottore

319. Quelle est la traduction correcte pour “la couleur”?
il verso | il nodo | la discussione | il colore

320. Quelle est la traduction correcte pour “le directeur”?

la fermata | il responsabile | il campo | la cassa

321. Quelle est la traduction correcte pour “la technologie”?
la tecnologia | la pubblicità | la collina | la decisione

322. Quelle est la traduction correcte pour “le poisson”?
la zebra | la coccinella | il pesce | la vela

323. Quelle est la traduction correcte pour “l'araignée”?
la calza | il ragno | il bastone | la richiesta

324. Quelle est la traduction correcte pour “la chaîne”?
il canale | la mamma | la bolla | lo sviluppo

325. Quelle est la traduction correcte pour “le mot”?
lo shock | la bevanda | il posto a sedere | la parola

326. Quelle est la traduction correcte pour “le contrat”?
la penna | le bambole | il guanto | il contratto

327. Quelle est la traduction correcte pour “la classe”?
la conoscenza | il cavo | l'allenatore | la classe

328. Quelle est la traduction correcte pour “le toit”?
il temperamento | la patata | il tetto | l'abito

329. Quelle est la traduction correcte pour “le réfrigérateur”?
il frigorifero | la reazione | la vela | i denti

330. Quelle est la traduction correcte pour “le bureau”?
il confine | l'ufficio | la storia | il calendario

331. Quelle est la traduction correcte pour “la petite amie”?
la ferrovia | il carpentiere | la fidanzata | lo strumento

332. Quelle est la traduction correcte pour “la politique”?

i politici | il gomito | il quarzo | la pubblicità

333. Quelle est la traduction correcte pour “la clé”?
il tasto | il cuscino | i dinosauri | il collo

334. Quelle est la traduction correcte pour “la taxe”?
lo scricciolo | la campana | l'imposta | la vista

335. Quelle est la traduction correcte pour “le fil”?
la creatura | il filo | la bandiera | lo sconosciuto

336. Quelle est la traduction correcte pour “la bulle”?
il giudice | la bolla | la nave | l'aeroplano

337. Quelle est la traduction correcte pour “le zoo”?
la lama | lo zoo | l'isola | le sabbie mobili

338. Quelle est la traduction correcte pour “l'après-midi”?
il piatto | il pomeriggio | la scoperta | la sporcizia

339. Quelle est la traduction correcte pour “la limite”?
il limite | la campana | la trama | il cavolo

340. Quelle est la traduction correcte pour “le sweater”?
l'educazione | la sorpresa | la partita | il maglione

341. Quelle est la traduction correcte pour “la maladie”?
la malattia | la cantina | il piatto | il treno

342. Quelle est la traduction correcte pour “l'examen”?
il riposo | la crescita | la forchetta | l'esame

343. Quelle est la traduction correcte pour “la religion”?
la religione | il calcio | il trono | il salto

344. Quelle est la traduction correcte pour “l'offre”?

i bambini | l'offerta | la punizione | la credenza

345. Quelle est la traduction correcte pour “les cheveux”?
i capelli | la tenda | il cracker | i libri

346. Quelle est la traduction correcte pour “le fruit”?
il trasporto | il frutto | il trifoglio | il lato

347. Quelle est la traduction correcte pour “le crime”?
il terreno | la spia | il crimine | la chiave inglese

348. Quelle est la traduction correcte pour “la pompe”?
la proprietà | il cast | la pompa | l'aumento

349. Quelle est la traduction correcte pour “la texture”?
la tigre | la trama | lo zefiro | la bevanda

350. Quelle est la traduction correcte pour “la rivière”?
il livello | l'addizione | la carrozza | il fiume

351. Quelle est la traduction correcte pour “la brosse à dents”?
paese | il supporto | l'evento | lo spazzolino da denti

352. Quelle est la traduction correcte pour “le casse-croûte”?
lo zinco | i topi | il governo | lo spuntino

353. Quelle est la traduction correcte pour “le domaine”?
l'invenzione | il sonno | la competizione | la tenuta

354. Quelle est la traduction correcte pour “le drapeau”?
la bandiera | la distruzione | il rame | la pecora

355. Quelle est la traduction correcte pour “la noix”?
la noce | il vapore | il secchio | la camicia

356. Quelle est la traduction correcte pour “le magasin”?

la voce | il negozio | il collo | il notebook

357. Quelle est la traduction correcte pour “la saleté”?
il grado | la strada | la sporcizia | il tetto

358. Quelle est la traduction correcte pour “l'environnement”?
la pianta | la carne | l'ambiente | il gomito

359. Quelle est la traduction correcte pour “la déclaration”?
la dichiarazione | il liquido | il corno | la neve

360. Quelle est la traduction correcte pour “la vache”?
l'operaio | gli uccelli | la mucca | la trapunta

361. Quelle est la traduction correcte pour “le savon”?
gli anelli | il sapone | la mensa | paese

362. Quelle est la traduction correcte pour “le parapluie”?
il servitore | l'ombrello | la gamma | il cestino

363. Quelle est la traduction correcte pour “l'accord”?
la competizione | il riso | il furgone | l'accordo

364. Quelle est la traduction correcte pour “le devant”?
il ginocchio | i cespugli | i topi | la parte anteriore

365. Quelle est la traduction correcte pour “le nord”?
il tallone | il latte | il nord | la caduta

366. Quelle est la traduction correcte pour “l'équipe”?
il gruppo | le rane | la segretaria | la magia

367. Quelle est la traduction correcte pour “la plaque”?
la crepa | la regolazione | il piatto | la vacanza

368. Quelle est la traduction correcte pour “le collier”?

la montagna | la pianta | il collare | il ponte

369. Quelle est la traduction correcte pour “le pont”?
il verme | lo scrittore | gli uccelli | il ponte

370. Quelle est la traduction correcte pour “la planète”?
il colore | il pianeta | il nervo | in seguito

371. Quelle est la traduction correcte pour “la prison”?
i jeans | il carcere | il pagamento | il pettirosso

372. Quelle est la traduction correcte pour “les vetements”?
la base | i vestiti | la pompa | l'impulso

373. Quelle est la traduction correcte pour “la tasse”?
la speranza | il calendario | la tazza | l'equilibrio

374. Quelle est la traduction correcte pour “l'oiseau”?
l'uccello | la scatola | il fischio | l'anello

375. Quelle est la traduction correcte pour “la solution”?
l'onda | il fiume | la soluzione | le uova

376. Quelle est la traduction correcte pour “la décision”?
la decisione | lo spaventapasseri | l'odore | le piante

377. Quelle est la traduction correcte pour “la stratégie”?
il cerchio | il giubbotto | la strategia | il gioco

378. Quelle est la traduction correcte pour “la chaleur”?
la primavera | il calore | l'anello | la mosca

379. Quelle est la traduction correcte pour “la valeur”?
la farina d'avena | la carne bovina | l'attività | il valore

380. Quelle est la traduction correcte pour “le cachet”?

l'account | il modo | la base | la stampa

381. Quelle est la traduction correcte pour “la situation”?
la stazione | l'allenatore | la città | la situazione

382. Quelle est la traduction correcte pour “la communauté”?
la lattuga | le piante | il miele | la comunità

383. Quelle est la traduction correcte pour “l'aéroport”?
l'aeroporto | la stufa | la paglia | la ferrovia

384. Quelle est la traduction correcte pour “l'heure”?
la richiesta | l'ora | la montagna | la polvere

385. Quelle est la traduction correcte pour “l'anneau”?
l'anello | il crimine | la tigre | la mamma

386. Quelle est la traduction correcte pour “l'histoire”?
la pentola | la domanda | la storia | la lampadina

387. Quelle est la traduction correcte pour “le dessert”?
la roccia | il ministro | la carta | il dessert

388. Quelle est la traduction correcte pour “le message”?
il ghiacciolo | il ritmo | la memoria | il messaggio

389. Quelle est la traduction correcte pour “le lieu”?
il cancello | il luogo | la ragazza | il cuoio

390. Quelle est la traduction correcte pour “l'ordinateur”?
la connessione | il cancello | il computer | il pollo

391. Quelle est la traduction correcte pour “la photo”?
l'arte | la foto | il gioiello | lo scambio

392. Quelle est la traduction correcte pour “le bateau”?

il corvo | il cucciolo | il ripensamento | la barca

393. Quelle est la traduction correcte pour “le dentifrice”?
il dentifricio | l'allarme | la scatola | la ragnatela

394. Quelle est la traduction correcte pour “le billet”?
gli scacchi | il buco | il retro | il biglietto

395. Quelle est la traduction correcte pour “les échecs”?
il campo | gli scacchi | la pelle | l'idrante

396. Quelle est la traduction correcte pour “le raisin”?
la possibilità | la bobina | la pioggia | l'uva

397. Quelle est la traduction correcte pour “l'ascenseur”?
la spugna | il livello | la pelle | l'ascensore

398. Quelle est la traduction correcte pour “la richesse”?
padella | il giocattolo | la ricchezza | il baseball

399. Quelle est la traduction correcte pour “le bureau”?
la scrivania | inverno | i fiori | il giudice

400. Quelle est la traduction correcte pour “le cheval”?
il cavallo | l'ordine | la ferrovia | il succo

401. Quelle est la traduction correcte pour “le mari”?
il parassita | il marito | l'esca | il naso

402. Quelle est la traduction correcte pour “la terre”?
l'atto | la lettura | la terra | il cactus

403. Quelle est la traduction correcte pour “le poulet”?
il pollo | la pagnotta | la distanza | il credito

404. Quelle est la traduction correcte pour “le début”?

la finestra | l'inizio | il polso | il debito

405. Quelle est la traduction correcte pour “le tiroir”?
il modo | il cassetto | la crepa | la cera

406. Quelle est la traduction correcte pour “le lait”?
la vergogna | il latte | la penna | l'auto

407. Quelle est la traduction correcte pour “le rocher”?
la roccia | la bevanda | il sole | il servitore

408. Quelle est la traduction correcte pour “la chance”?
la corsa | il tratto | la possibilità | la dimensione

409. Quelle est la traduction correcte pour “la foule”?
il deserto | il vestito | la folla | la bobina

410. Quelle est la traduction correcte pour “le cœur”?
la regolazione | il cuore | gli amici | l'amore

411. Quelle est la traduction correcte pour “l'oncle”?
la pelle | l'inquinamento | il ghiacciolo | lo zio

412. Quelle est la traduction correcte pour “le cercle”?
il fiore | l'erba | il cerchio | la scoperta

413. Quelle est la traduction correcte pour “la cave”?
la copertina | il territorio | la cantina | la lingua

414. Quelle est la traduction correcte pour “le sujet”?
il parco giochi | il tema | la richiesta | il discorso

415. Quelle est la traduction correcte pour “le cadeau”?
l'amico | il regalo | il desiderio | la canzone

416. Quelle est la traduction correcte pour “la priorité”?

la vista | l'importo | la calcolatrice | la priorità

417. Quelle est la traduction correcte pour "la direction"?
la direzione | il viaggio | la lingua | la frittella

418. Quelle est la traduction correcte pour "le sifflet"?
il fischio | la corona | la tenda | il controllo

419. Quelle est la traduction correcte pour "la femme"?
l'ottone | la fotocamera | la mozione | la moglie

420. Quelle est la traduction correcte pour "le résultat"?
la trama | il principiante | l'occhio | il risultato

421. Quelle est la traduction correcte pour "l'hôpital"?
la pace | la mucca | l'ospedale | l'onda

422. Quelle est la traduction correcte pour "la ville"?
la mente | le pizze | il porto | la città

423. Quelle est la traduction correcte pour "la mouche"?
la mosca | il motore | la piega | l'entrata

424. Quelle est la traduction correcte pour "le visiteur"?
la frusta | il visitatore | lo spettacolo | la tenda

425. Quelle est la traduction correcte pour "la réalité"?
la coda | la pubblicità | la testa | la realtà

426. Quelle est la traduction correcte pour "le monde"?
il braccio | il tipo | la bicicletta | il mondo

427. Quelle est la traduction correcte pour "la poussière"?
la polvere | il gioco | le mani | la fotocamera

428. Quelle est la traduction correcte pour "l'utilisateur"?

la bomba | la pallacanestro | l'utente | la faccia

429. Quelle est la traduction correcte pour “le couteau”?
la guida | il coltello | la rientranza | i cavalli

430. Quelle est la traduction correcte pour “l'argent”?
il coltello | la gelatina | i soldi | il piacere

431. Quelle est la traduction correcte pour “le boeuf”?
il notebook | l'azione | il tasto | la carne bovina

432. Quelle est la traduction correcte pour “le pistolet”?
la pistola | la gola | il segno | l'imposta

433. Quelle est la traduction correcte pour “la souris”?
il topo | i ragni | la storia | l'aeroporto

434. Quelle est la traduction correcte pour “l'invité”?
i conigli | l'ospite | la nascita | il suggerimento

435. Quelle est la traduction correcte pour “l'étagère”?
l'anatra | la mensola | la finestra | il carbone

436. Quelle est la traduction correcte pour “le terrain de jeu”?
l'arco | il mese | il parco giochi | il libro

437. Quelle est la traduction correcte pour “la voix”?
la voce | la storia | il bestiame | la torta

438. Quelle est la traduction correcte pour “le four”?
l'imposta | il labbro | l'umorismo | il forno

439. Quelle est la traduction correcte pour “le sac”?
la bolla | la cerniera | la borsa | l'oceano

440. Quelle est la traduction correcte pour “le calendrier”?

il campo | il calendario | il temporale | la regola

441. Quelle est la traduction correcte pour “la fille”?
la ragazza | la ragazza | la partita | gli animali domestici

442. Quelle est la traduction correcte pour “l'appareil photo”?
la rana | la fotocamera | il comportamento | la polvere

443. Quelle est la traduction correcte pour “la fermeture éclair”?
la cerniera | la maschera | i maiali | l'esempio

444. Quelle est la traduction correcte pour “l'auditoire”?
l'attacco | l'orologio | il ferro | il pubblico

445. Quelle est la traduction correcte pour “l'événement”?
l'isola | la mamma | il fratello | l'evento

446. Quelle est la traduction correcte pour “le gouvernement”?
la vacanza | la memoria | il governo | il fuoco

447. Quelle est la traduction correcte pour “le mariage”?
la crescita | l'estate | l'edificio | il matrimonio

448. Quelle est la traduction correcte pour “la propriété”?
il riso | la lampadina | la proprietà | la zuppa

449. Quelle est la traduction correcte pour “l'assurance”?
la nascita | la stampa | l'unione | l'assicurazione

450. Quelle est la traduction correcte pour “l'échelle”?
la scala a pioli | l'ospedale | il bordo | il corno

451. Quelle est la traduction correcte pour “la loi”?
il bordo | l'attore | l'albero | la legge

452. Quelle est la traduction correcte pour “la route”?

il corrente | il carrello | la strada | i camion

453. Quelle est la traduction correcte pour “l'hiver”?
il taglio di capelli | l'ottone | inverno | gli uomini

454. Quelle est la traduction correcte pour “le poids”?
il freno | il peso | lo stivale | il pastello

455. Quelle est la traduction correcte pour “la fissure”?
la spinta | la svolta | la tenda | la crepa

456. Quelle est la traduction correcte pour “le spectacle”?
lo spettacolo | i gatti | la zuppa | il rotolo

457. Quelle est la traduction correcte pour “la cigarette”?
la sigaretta | l'orso | l'esempio | il cerchio

458. Quelle est la traduction correcte pour “le trottoir”?
le galline | la riva del mare | la presa | il marciapiede

459. Quelle est la traduction correcte pour “la chaussure”?
il sapone | gli anelli | la parola | la scarpa

460. Quelle est la traduction correcte pour “la bibliothèque”?
la biblioteca | il commercio | il sapore | lo schiavo

461. Quelle est la traduction correcte pour “le fantôme”?
il negozio | il fantasma | il realizzatore | il pensiero

462. Quelle est la traduction correcte pour “l'arrière”?
l'abbigliamento | l'acciaio | il legname | il retro

463. Quelle est la traduction correcte pour “l'emplacement”?
il segno | la posizione | lo scoiattolo | il parco giochi

464. Quelle est la traduction correcte pour “le président”?

il prezzo | il libro | il presidente | il sale

465. Quelle est la traduction correcte pour “l'équipement”?
la scienza | la cera | l'equipaggiamento | il bacio

466. Quelle est la traduction correcte pour “le roi”?
la crema | l'espansione | la biancheria intima | il re

467. Quelle est la traduction correcte pour “la science”?
la pioggia | l'ombrello | la scienza | il tempo

468. Quelle est la traduction correcte pour “le vent”?
il tipo | il marmo | il vento | la pace

469. Quelle est la traduction correcte pour “l'été”?
il fiume | l'estate | la scuola | il confronto

470. Quelle est la traduction correcte pour “la langue”?
la partenza | la lingua | il pranzo | il filo

471. Quelle est la traduction correcte pour “le minuit”?
la mezzanotte | il basso | il rispetto | la finestra

472. Quelle est la traduction correcte pour “la sécurité”?
il vetro | lo zoo | la sicurezza | le torte

473. Quelle est la traduction correcte pour “la droite”?
il bollitore | la cantina | la teoria | la destra

474. Quelle est la traduction correcte pour “le drain”?
il vestito | il mento | il drenaggio | il deserto

475. Quelle est la traduction correcte pour “la variété”?
la ferita | il verso | l'inquinamento | la varietà

476. Quelle est la traduction correcte pour “l'odeur”?

l'altalena | il profumo | il lato | l'autorità

477. Quelle est la traduction correcte pour “l'étage”?
l'attività | la nebbia | il pin | il piano di sopra

478. Quelle est la traduction correcte pour “la cerise”?
i pantaloni | il pin | il cielo | la ciliegia

479. Quelle est la traduction correcte pour “le pays”?
paese | il nonno | l'attrito | l'invenzione

480. Quelle est la traduction correcte pour “l'étudiant”?
il senso | il partner | lo studente | il gradino

481. Quelle est la traduction correcte pour “le magazine”?
fine | l'abbigliamento | la rivista | la battaglia

482. Quelle est la traduction correcte pour “la balançoire”?
la coccinella | l'altalena | le formiche | la vacanza

483. Quelle est la traduction correcte pour “l'éducation”?
i pomodori | la lettera | gli hobby | l'educazione

484. Quelle est la traduction correcte pour “le son”?
lo schiavo | la regina | l'attrito | il suono

485. Quelle est la traduction correcte pour “le feu”?
la teoria | la casa | il fuoco | la cena

486. Quelle est la traduction correcte pour “l'armée”?
l'esercito | il morso | la pipa | la ruota

487. Quelle est la traduction correcte pour “l'activité”?
il marciapiede | la rabbia | la svolta | l'attività

488. Quelle est la traduction correcte pour “la conception”?

la guida | la nazione | la madre | il design

489. Quelle est la traduction correcte pour “la ferme”?
la calcolatrice | la barca | il liquido | la fattoria

490. Quelle est la traduction correcte pour “la ville”?
la città | la miniera | il test | il serbatoio

491. Quelle est la traduction correcte pour “le jus”?
lo zabaione | l'aritmetica | l'interesse | il succo

492. Quelle est la traduction correcte pour “le dinosaure”?
il negozio | il dinosauro | le ragazze | i popcorn

493. Quelle est la traduction correcte pour “l'information”?
l'informazione | i bastoncini | la stazione | la lattuga

494. Quelle est la traduction correcte pour “le tuyau d'arrosage”?
il titolo | il nido | il tubo flessibile | la borsa

495. Quelle est la traduction correcte pour “le sable”?
lo stivale | il legno | la sabbia | l'attore

496. Quelle est la traduction correcte pour “l'escargot”?
il fumo | la lumaca | la sabbia | il mattone

497. Quelle est la traduction correcte pour “l'intérieur”?
la cassetta postale | il lavoro | la scuola | l'interno

498. Quelle est la traduction correcte pour “la tradition”?
la tradizione | il profitto | il ginocchio | la lana

499. Quelle est la traduction correcte pour “la chanson”?
la canzone | la domanda | l'ufficio | l'atto

500. Quelle est la traduction correcte pour “le ticket de caisse”?
il portiere | il gregge | la zia | la ricevuta

Chapitre 2

VERBES

501. Quelle est la traduction correcte pour “détester”?
parlare | ronzare | destreggiarsi | odiare

502. Quelle est la traduction correcte pour “faire confiance”?
rimpiangere | leccare | fidarsi | ammucchiare

503. Quelle est la traduction correcte pour “gérer”?
giudicare | avvitare | gestire | a lungo

504. Quelle est la traduction correcte pour “gémir”?
gemere | a lampeggiare | viaggiare | scioccare

505. Quelle est la traduction correcte pour “grandir”?
trovare | per ringraziare | correre | crescere

506. Quelle est la traduction correcte pour “lutter”?
salpare | lottare | pedalare | lucidare

507. Quelle est la traduction correcte pour “de surprendre”?
da colorare | prendere | per connettere | sorprendere

508. Quelle est la traduction correcte pour “irriter”?
sigillare | irritare | bollire | spingere

509. Quelle est la traduction correcte pour “fumer”?
fumare | applaudire | sperare | alla polvere

510. Quelle est la traduction correcte pour “attraper”?
perdere | avvolgere | aprire | afferrare

511. Quelle est la traduction correcte pour “tourner”?
girare | irradiare | misurare | all'acqua

512. Quelle est la traduction correcte pour “s'excuser”?
scusarsi | regnare | per partire | pizzicare

513. Quelle est la traduction correcte pour “rester”?
cuocere al forno | esercitarsi | telefonare | stare

514. Quelle est la traduction correcte pour “manger”?
bollare | accoppiarsi | mangiare | spargere

515. Quelle est la traduction correcte pour “traiter”?
offendere | contrassegnare | notare | trattare

516. Quelle est la traduction correcte pour “chanter”?
curvare | cantare | supporre | spaventare

517. Quelle est la traduction correcte pour “expliquer”?
legare | prenotare | spiegare | fare un casino

518. Quelle est la traduction correcte pour “inclure”?
sussurrare | agganciare | includere | chiedere

519. Quelle est la traduction correcte pour “blesser”?
fare del male | lavare | dimenarsi | scivolare

520. Quelle est la traduction correcte pour “boire”?
ritardare | pianificare | per servire | bere

521. Quelle est la traduction correcte pour “répéter”?
ripetere | sospirare | tremare | educare

522. Quelle est la traduction correcte pour “tuer”?
uccidere | includere | trasportare | rispondere

523. Quelle est la traduction correcte pour “squash”?
benedire | approvare | fissare | schiacciare

524. Quelle est la traduction correcte pour “juger”?
intrappolare | destreggiarsi | giudicare | concentrare

525. Quelle est la traduction correcte pour “bouger”?
spostare | rimuovere | sterzare | accecare

526. Quelle est la traduction correcte pour “mâcher”?
fissare | masticare | fallire | tagliare

527. Quelle est la traduction correcte pour “exploser”?
calcolare | esplodere | inchinarsi | ridere

528. Quelle est la traduction correcte pour “assassiner”?
eseguire | uccidere | stancare | apprezzare

529. Quelle est la traduction correcte pour “déverouiller”?
canticchiare | essere d'accordo | sbloccare | influenzare

530. Quelle est la traduction correcte pour “se permettre”?
molestare | sposare | tirare | permettersi

531. Quelle est la traduction correcte pour “goûter”?
assaggiare | per estendere | produrre | allungare

532. Quelle est la traduction correcte pour “partir à la retraite”?
sviluppare | andare in pensione | scintillare | includere

533. Quelle est la traduction correcte pour “pincer”?
permettere | pizzicare | trattare | mescolare

534. Quelle est la traduction correcte pour “se disputer”?
litigare | fissare | godere | chiudere a chiave

535. Quelle est la traduction correcte pour “pointer”?
per impressionare | indicare | incollare | bilanciare

536. Quelle est la traduction correcte pour “regarder”?
condividere | a rubare | guardare | seppellire

537. Quelle est la traduction correcte pour “cligner des yeux”?
lampeggiare | imbarazzare | prendere in prestito | imbarazzare

538. Quelle est la traduction correcte pour “encourager”?
filmare | informare | per divertire | incoraggiare

539. Quelle est la traduction correcte pour “remarquer”?
sparare | notare | consistere | per ringraziare

540. Quelle est la traduction correcte pour “exploser”?
spostare | livido | colpire | per intrattenere

541. Quelle est la traduction correcte pour “gâcher”?
curare | sbattere | fare un casino | combattere

542. Quelle est la traduction correcte pour “retirer”?
rimuovere | al numero | promettere | beccare

543. Quelle est la traduction correcte pour “inviter”?
disapprovare | invitare | forzare | portare

544. Quelle est la traduction correcte pour “ouvrir”?
immaginare | strofinare | inchinarsi | aprire

545. Quelle est la traduction correcte pour “détruire”?
incollare | distruggere | preoccuparsi | mendicare

546. Quelle est la traduction correcte pour “decider”?
livido | decidere | copiare | obbedire

547. Quelle est la traduction correcte pour “augmenter”?
a testa | aiutare | sollevare | presentare

548. Quelle est la traduction correcte pour “donner un coup de pied”?
gareggiare | spogliarsi | ottenere | calciare

549. Quelle est la traduction correcte pour “libérer”?
sperare | rilasciare | forare | salvare

550. Quelle est la traduction correcte pour “porter”?
prendere in giro | radere | per soddisfare | portare

551. Quelle est la traduction correcte pour “poster”?
dare un pugno | postare | ricevere | attrarre

552. Quelle est la traduction correcte pour “examiner”?
precedere | svanire | esaminare | sistemarsi

553. Quelle est la traduction correcte pour “approuver”?
approvare | battere | esistere | vacillare

554. Quelle est la traduction correcte pour “frotter”?
appendere | strofinare | eccitare | per nominare

555. Quelle est la traduction correcte pour “mentir”?
impiegare | notare | mentire | ramificarsi

556. Quelle est la traduction correcte pour “dire au revoir”?

salutare | suonare il tamburo | ripetere | confessare

557. Quelle est la traduction correcte pour “gâcher”?
rovinare | confondere | gareggiare | firmare

558. Quelle est la traduction correcte pour “gifler”?
fantasticare | descrivere | possedere | schiaffeggiare

559. Quelle est la traduction correcte pour “éviter”?
evitare | sollevare | appartenere | godere

560. Quelle est la traduction correcte pour “arriver”?
chiudere a chiave | arrivare | chiamare | suonare

561. Quelle est la traduction correcte pour “sécher”?
saltare | affrontare | russare | asciugare

562. Quelle est la traduction correcte pour “joindre”?
inginocchiarsi | aderire | schiacciare | prendere in giro

563. Quelle est la traduction correcte pour “faire des courses”?
comprimere | ammirare | comprare | sospirare

564. Quelle est la traduction correcte pour “se vanter”?
dubitare | affogare | girare | vantarsi

565. Quelle est la traduction correcte pour “désapprouver”?
mendicare | rotolare | disapprovare | sprecare

566. Quelle est la traduction correcte pour “bouillir”?
suonare | bollire | di roba | permettere

567. Quelle est la traduction correcte pour “choquer”?
rifugiarsi | spargere | scioccare | gemere

568. Quelle est la traduction correcte pour “tricher”?

fumare | obbedire | tradire | meritarsi

569. Quelle est la traduction correcte pour “pousser”?
amare | spingere | apprezzare | caricare

570. Quelle est la traduction correcte pour “autoriser”?
registrare | telefonare | toccare | permettere

571. Quelle est la traduction correcte pour “attacher”?
per confrontare | pompare | viaggiare | allegare

572. Quelle est la traduction correcte pour “sourire”?
firmare | sorridere | martellare | nidificare

573. Quelle est la traduction correcte pour “exister”?
verificare | confessare | stancare | esistere

574. Quelle est la traduction correcte pour “trouver”?
sospendere | trovare | completare | disimballare

575. Quelle est la traduction correcte pour “frapper”?
bussare | ballare | colpire | pesare

576. Quelle est la traduction correcte pour “frapper”?
dare un pugno | sprecare | lenire | punire

577. Quelle est la traduction correcte pour “éparpiller”?
visitare | spargere | alla polvere | lenire

578. Quelle est la traduction correcte pour “disparaître”?
scomparire | accoppiarsi | decidere | salvare

579. Quelle est la traduction correcte pour “dire”?
esercitarsi | risciacquare | dire | indovinare

580. Quelle est la traduction correcte pour “effectuer”?

eseguire | avere successo | rintracciare | uccidere

581. Quelle est la traduction correcte pour “attirer”?
continuare | guardare | ammirare | attrarre

582. Quelle est la traduction correcte pour “danser”?
per connettere | macchiare | svuotare | ballare

583. Quelle est la traduction correcte pour “laver”?
starnutire | digitare | riprodurre | lavare

584. Quelle est la traduction correcte pour “appartenir”?
fare jogging | lampeggiare | appartenere | esplodere

585. Quelle est la traduction correcte pour “arrêter, mettre en pause”?
educare | mettere in pausa | urlare | unire

586. Quelle est la traduction correcte pour “embarrasser”?
fare il solletico | spruzzare | imbarazzare | scusare

587. Quelle est la traduction correcte pour “lécher”?
leccare | terrorizzare | strappare | cercare

588. Quelle est la traduction correcte pour “rire”?
allenare | registrare | avere successo | ridere

589. Quelle est la traduction correcte pour “répondre”?
concedere in licenza | rispondere | permettere | salpare

590. Quelle est la traduction correcte pour “commuter”?
tastare | pesare | cambiare | per ingrandire

591. Quelle est la traduction correcte pour “gaspiller”?
contare | cambiare | sottrarre | sprecare

592. Quelle est la traduction correcte pour “fondre”?
intendere | applaudire | inginocchiarsi | sciogliere

593. Quelle est la traduction correcte pour “fracasser”?
vestirsi | avvisare | accarezzare | sgridare

594. Quelle est la traduction correcte pour “verser”?
versare | presentare | rispondere | guadagnare

595. Quelle est la traduction correcte pour “guider”?
guadagnare | sparare | macchiare | guidare

596. Quelle est la traduction correcte pour “améliorer”?
lamentarsi | migliorare | raccogliere | di roba

597. Quelle est la traduction correcte pour “terrifier”?
terrorizzare | domandare | piacere | filmare

598. Quelle est la traduction correcte pour “sauver”?
spazzolare | esaminare | salvare | disertare

599. Quelle est la traduction correcte pour “ne pas aimer”?
non gradire, non piacere | riconoscere | parcheggiare | spremere

600. Quelle est la traduction correcte pour “s'entraîner”?
fare pratica | predicare | sorprendere | inchiodare

601. Quelle est la traduction correcte pour “répondre”?
rispondere | rispondere | sospendere | elencare

602. Quelle est la traduction correcte pour “posséder”?
riscaldare | bollare | bombardare | possedere

603. Quelle est la traduction correcte pour “hurler”?
urlare | lanciare | confondere | risciacquare

604. Quelle est la traduction correcte pour “se connecter”?
esplodere | pulire | per connettere | mentire

605. Quelle est la traduction correcte pour “disparaitre”?
piovere | fare il bagno | svanire | sbucciare

606. Quelle est la traduction correcte pour “punir”?
punire | russare | alleggerire | aspettarsi

607. Quelle est la traduction correcte pour “gratter”?
combattere | graffiare | incoraggiare | ridurre

608. Quelle est la traduction correcte pour “décrire”?
sbattere | descrivere | bilanciare | per correggere

609. Quelle est la traduction correcte pour “faire ses valises”?
imballare | salutare | spingere | trainare

610. Quelle est la traduction correcte pour “oser”?
saltare | interessare | osare | grattugiare

611. Quelle est la traduction correcte pour “renifler”?
permettere | sciare | ad annusare | fumare

612. Quelle est la traduction correcte pour “avancer d'un pas”?
aderire | adattarsi | fare un passo | registrare

613. Quelle est la traduction correcte pour “pour échapper à”?
versare | rilasciare | scappare | sbirciare

614. Quelle est la traduction correcte pour “apprécier”?
godere | aspettarsi | aggiungere | continuare

615. Quelle est la traduction correcte pour “couvrir”?
durare | battere | sorridere | coprire

616. Quelle est la traduction correcte pour "séparer"?
separare | colpire | rilevare | prendere in prestito

617. Quelle est la traduction correcte pour "briller"?
incepparsi | brillare | ridere | ronzare

618. Quelle est la traduction correcte pour "se relaxer"?
rilassarsi | iniettare | sistemarsi | lamentarsi

619. Quelle est la traduction correcte pour "piéger"?
intrappolare | possedere | abbracciare | dividere

620. Quelle est la traduction correcte pour "nager"?
nuotare | rispondere | trainare | arricciare

621. Quelle est la traduction correcte pour "changer"?
suggerire | immagazzinare | ammiccare | cambiare

622. Quelle est la traduction correcte pour "sourir"?
sorridere | galleggiare | rispondere | tentare

623. Quelle est la traduction correcte pour "remercier"?
mescolare | a lampeggiare | per estendere | per ringraziare

624. Quelle est la traduction correcte pour "s'exercer"?
esercitarsi | misurare | terrorizzare | perdere

625. Quelle est la traduction correcte pour "planifier"?
bruciare | deliziare | pianificare | scarabocchiare

626. Quelle est la traduction correcte pour "chasser"?
al treno | cacciare | per allietare | completare

627. Quelle est la traduction correcte pour "imaginer"?
notare | esplodere | immaginare | schiacciare

628. Quelle est la traduction correcte pour “écouter”?
ascoltare | risparmiare | arrossire | cuocere al forno

629. Quelle est la traduction correcte pour “à vider”?
spremere | mettere una spunta | curvare | svuotare

630. Quelle est la traduction correcte pour “tousser”?
per l'uomo | volere | tossire | decidere

631. Quelle est la traduction correcte pour “chasser”?
prudere | inseguire | dovere | testare

632. Quelle est la traduction correcte pour “organiser”?
arrangiarsi | rimbalzare | separare | rintracciare

633. Quelle est la traduction correcte pour “mériter”?
tagliare | riconoscere | meritarsi | ingannare

634. Quelle est la traduction correcte pour “augmenter”?
friggere | baciare | aumentare | dare la mancia

635. Quelle est la traduction correcte pour “aller chercher”?
a prendere | al tempo | macchiare | pompare

636. Quelle est la traduction correcte pour “laisser tomber”?
aprire | osservare | sfidare | far cadere

637. Quelle est la traduction correcte pour “se concentrer”?
preoccuparsi | per estendere | concentrare | impedire

638. Quelle est la traduction correcte pour “vérifier”?
pettinare | stare | controllare | per confrontare

639. Quelle est la traduction correcte pour “effrayer”?
spaventare | martellare | disimballare | pregare

640. Quelle est la traduction correcte pour “exclure”?
provare | bandire | bruciare | impiegare

641. Quelle est la traduction correcte pour “aider”?
imparare | raggiungere | aiutare | ordinare

642. Quelle est la traduction correcte pour “pendre”?
pompare | concentrare | appendere | faxare

643. Quelle est la traduction correcte pour “s'incliner”?
scoppiare | cancellare | sospettare | inchinarsi

644. Quelle est la traduction correcte pour “douter”?
preparare | incorniciare | dubitare | rotolare

645. Quelle est la traduction correcte pour “se déshabiller”?
dovere | spogliarsi | andare in bicicletta | ai raggi x

646. Quelle est la traduction correcte pour “soustraire”?
tosare | elencare | alla rovina | sottrarre

647. Quelle est la traduction correcte pour “vaporiser”?
toccare | comportarsi | creare problemi | spruzzare

648. Quelle est la traduction correcte pour “à mendier”?
per servire | mendicare | benedire | fare il solletico

649. Quelle est la traduction correcte pour “visiter”?
scusarsi | visitare | riempire | attraversare

650. Quelle est la traduction correcte pour “décorer”?
decorare | gestire | lucidare | canticchiare

651. Quelle est la traduction correcte pour “applaudir”?
applaudire | sottrarre | cuocere al forno | benedire

652. Quelle est la traduction correcte pour “entrer”?
contenere | entrare | per confrontare | lavare

653. Quelle est la traduction correcte pour “se précipiter”?
dare il benvenuto | educare | gareggiare | correre

654. Quelle est la traduction correcte pour “réaliser”?
guardare | realizzare | andare in pensione | avvolgere

655. Quelle est la traduction correcte pour “avertir”?
strillare | avvisare | richiedere | domandare

656. Quelle est la traduction correcte pour “enregistrer”?
arrossire | odiare | registrare | vestirsi

657. Quelle est la traduction correcte pour “emprunter”?
prendere in prestito | rafforzare | meritarsi | permettere

658. Quelle est la traduction correcte pour “crier”?
rallegrarsi | urlare | vantarsi | da seguire

659. Quelle est la traduction correcte pour “recevoir”?
per riflettere | mentire | pulire | ricevere

660. Quelle est la traduction correcte pour “vouloir”?
per ingrandire | volere | svanire | imparare

661. Quelle est la traduction correcte pour “suspendre”?
colpire | legare | moltiplicare | sospendere

662. Quelle est la traduction correcte pour “remplacer”?
cacciare | rimpiazzare | guidare | produrre

663. Quelle est la traduction correcte pour “courir”?
assaggiare | fare pratica | ammettere | correre

664. Quelle est la traduction correcte pour “chatouiller”?
riprodurre | affrettarsi | andare in bicicletta | fare il solletico

665. Quelle est la traduction correcte pour “déballer”?
disimballare | piangere | perdere | immagazzinare

666. Quelle est la traduction correcte pour “rêver”?
influenzare | inventare | marcire | sognare

667. Quelle est la traduction correcte pour “coller”?
ammucchiare | stare bene | chiamare | attaccare

668. Quelle est la traduction correcte pour “envelopper”?
avvolgere | scusare | prendere in giro | scrollare le spalle

669. Quelle est la traduction correcte pour “taper”?
digitare | risciacquare | imbullonare | immaginare

670. Quelle est la traduction correcte pour “brosser”?
aiutare | atterrare | spazzolare | a prendere

671. Quelle est la traduction correcte pour “inventer”?
pedalare | russare | inventare | infastidire

672. Quelle est la traduction correcte pour “compter sur”?
fare affidamento | commerciare | arginare | colpire

673. Quelle est la traduction correcte pour “participer”?
segare | sbadigliare | sussurrare | partecipare

674. Quelle est la traduction correcte pour “sauter”?
uccidere | saltare | comunicare | fare rima

675. Quelle est la traduction correcte pour “promettre”?
leccare | salpare | promettere | ricordare

676. Quelle est la traduction correcte pour “pour tromper”?
fare affidamento | per ingannare | da colorare | guarire

677. Quelle est la traduction correcte pour “presser”?
distruggere | suonare il tamburo | pressare | affrontare

678. Quelle est la traduction correcte pour “contenir”?
ricordare | contenere | memorizzare | supportare

679. Quelle est la traduction correcte pour “remuer”?
cambiare | mescolare | aggiustare | rabbrividire

680. Quelle est la traduction correcte pour “découvrir”?
richiedere | scoprire | succhiare | avvisare

681. Quelle est la traduction correcte pour “forcer”?
portare | preferire | forzare | decadere

682. Quelle est la traduction correcte pour “ramper”?
apprezzare | fornire | volere | gattonare

683. Quelle est la traduction correcte pour “cuire”?
osservare | dare un pugno | scusarsi | cuocere al forno

684. Quelle est la traduction correcte pour “mélanger”?
gestire | uccidere | mescolare | cacciare

685. Quelle est la traduction correcte pour “ruiner”?
ammettere | alla rovina | lottare | pressare

686. Quelle est la traduction correcte pour “suggérer”?
suggerire | supportare | scoppiare | cambiare

687. Quelle est la traduction correcte pour “acquiescer”?
sbirciare | a licenziare | a ferire | annuire

688. Quelle est la traduction correcte pour “mesurer”?
misurare | sbiancare | vivere | guidare

689. Quelle est la traduction correcte pour “à fredonner”?
scioccare | segare | tradire | canticchiare

690. Quelle est la traduction correcte pour “hausser les épaules”?
informare | imbarazzare | scrollare le spalle | inseguire

691. Quelle est la traduction correcte pour “aimer”?
fornire | portare | a rubare | piacere

692. Quelle est la traduction correcte pour “neiger”?
annuire | tosare | offendere | nevicare

693. Quelle est la traduction correcte pour “caliner”?
moltiplicare | abbracciare | versare | arrestare

694. Quelle est la traduction correcte pour “confondre”?
cadere | curare | confondere | ritornare

695. Quelle est la traduction correcte pour “réparer”?
raggiungere | condividere | riparare | sigillare

696. Quelle est la traduction correcte pour “flotter”?
interessare | girare | galleggiare | fare lo spelling

697. Quelle est la traduction correcte pour “ronfler”?
schiaffeggiare | drenare | rallegrarsi | russare

698. Quelle est la traduction correcte pour “fermer”?
sterzare | chiudere | allenare | accettare

699. Quelle est la traduction correcte pour “jouer”?
giocare | all'acqua | possedere | raccogliere

700. Quelle est la traduction correcte pour “se dépêcher”?
masticare | affrettarsi | proteggere | forare

Chapitre 3

ADJECTIFS

701. Quelle est la traduction correcte pour “en bois”?
feroce | di legno | cortesemente | irregolare

702. Quelle est la traduction correcte pour “rare”?
raro | nuovo | grande | discutibile

703. Quelle est la traduction correcte pour “braver”?
coraggioso | stridente | poco | demoniaco

704. Quelle est la traduction correcte pour “juteux”?
succoso | belligerante | succoso | noioso

705. Quelle est la traduction correcte pour “brillant”?
provocatorio | brillante | femmina | due

706. Quelle est la traduction correcte pour “lâche”?
pronto | vigliaccamente | divergente | protuberanza

707. Quelle est la traduction correcte pour “nuageux”?
demoniaco | con gli occhi spalancati | nuvoloso | variabile

708. Quelle est la traduction correcte pour “bien”?
contento | semplice | automatico | bene

709. Quelle est la traduction correcte pour “utilisé”?
usato | patetico | disponibile | vittorioso

710. Quelle est la traduction correcte pour “devant”?
avanti | premuroso | decoroso | sgradevole

711. Quelle est la traduction correcte pour “génial”?
eccezionale | pensabile | acido | sciocco

712. Quelle est la traduction correcte pour “large”?
scandaloso | assordante | alla sprovvista | ampio

713. Quelle est la traduction correcte pour “effrayant”?
efficiente | sgargiante | allarmante | piatto

714. Quelle est la traduction correcte pour “nostalgique”?
con gli occhi spalancati | prezioso | smog | nostalgico

715. Quelle est la traduction correcte pour “dangereux”?
osceno | viola | pericoloso | sfocato

716. Quelle est la traduction correcte pour “robuste”?
immaginario | rafficato | poco profondo | robusto

717. Quelle est la traduction correcte pour “énergique”?
bello | energico | odioso | tempestoso

718. Quelle est la traduction correcte pour “inutile”?
avanti | inutile | vendita all'ingrosso | sinonimo

719. Quelle est la traduction correcte pour “surfait”?
fantastico | stanco | capace | sopravvalutato

720. Quelle est la traduction correcte pour “poussiéreux”?
penitente | speziato | polveroso | potente

721. Quelle est la traduction correcte pour “contraire”?
amichevole | scivoloso | opposto | enorme

722. Quelle est la traduction correcte pour “laid”?
brutto | sfortunato | teso | vivace

723. Quelle est la traduction correcte pour “vivant”?
volatile | vivo | troppo sicuro di sé | bellissimo

724. Quelle est la traduction correcte pour “incompétent”?
gratis | incompetente | tre | divino

725. Quelle est la traduction correcte pour “ivre”?
inutile | languido | ubriaco | torreggiante

726. Quelle est la traduction correcte pour “violent”?
chimico | nuvoloso | violento | pulito

727. Quelle est la traduction correcte pour “fertile”?
ignorante | avventuroso | fertile | attento

728. Quelle est la traduction correcte pour “spirituel”?
di buon gusto | segreto | spiritoso | strano

729. Quelle est la traduction correcte pour “bruyant”?
invidioso | interrogativo | rumoroso | teso

730. Quelle est la traduction correcte pour “rude”?
leggero | obbediente | duro | tacito

731. Quelle est la traduction correcte pour “vivant”?
sei | energico | vivace | assiomatico

732. Quelle est la traduction correcte pour “marié”?
inutilizzato | sposato | probabile | inutile

733. Quelle est la traduction correcte pour “étroit”?
stretto | muscoloso | commestibile | roca

734. Quelle est la traduction correcte pour “suivant”?
prossimo | carino | aberrante | alto

735. Quelle est la traduction correcte pour “grincheux”?
scontroso | precedente | maturo | euforico

736. Quelle est la traduction correcte pour “difficile”?
abusivo | aromatico | scaltro | moderno

737. Quelle est la traduction correcte pour “désordonné”?
pastorale | epocale | miserabile | disordinato

738. Quelle est la traduction correcte pour “chaud”?
pianura | eccezionale | verde | caldo

739. Quelle est la traduction correcte pour “adorable”?
daffy | politico | adorabile | sciccoso

740. Quelle est la traduction correcte pour “mature”?
grandioso | affollato | scattante | maturo

741. Quelle est la traduction correcte pour “mûr”?
maturo | sconosciuto | pastorale | sporco

742. Quelle est la traduction correcte pour “carré”?
acuto | piazza | allegro | prezioso

743. Quelle est la traduction correcte pour “nombreux”?
senza voce | riuscito | numerose | roco

744. Quelle est la traduction correcte pour “tôt”?
a poppa | finto | usato | presto

745. Quelle est la traduction correcte pour “sombre”?
buio | normale | adiacente | cauto

746. Quelle est la traduction correcte pour “paresseux”?
amorevole | osceno | pigro | intelligente

747. Quelle est la traduction correcte pour “quotidien”?
quotidiano | dolce | di buon gusto | avaro

748. Quelle est la traduction correcte pour “super”?
biologico | gustoso | naturale | grande

749. Quelle est la traduction correcte pour “vague”?
vago | terribile | sfacciato | onnipresente

750. Quelle est la traduction correcte pour “ordinaire”?
esultante | polveroso | asciutto | ordinario

751. Quelle est la traduction correcte pour “noir”?
redditizio | nero | inebriante | crostata

752. Quelle est la traduction correcte pour “sans-abri”?
disgustoso | nove | scintillante | senzatetto

753. Quelle est la traduction correcte pour “pourri”?
marcio | presto | piazza | liscio

754. Quelle est la traduction correcte pour “maigre”?
sposato | magro | importato | futuristico

755. Quelle est la traduction correcte pour “sale”?
sporco | frenetico | esotico | zelante

756. Quelle est la traduction correcte pour “drôle”?
nauseante | divertente | sfocato | turbolento

757. Quelle est la traduction correcte pour “en colère”?
arrabbiato | scivoloso | due | successivo

758. Quelle est la traduction correcte pour “mince”?
eccellente | magro | vivace | generale

759. Quelle est la traduction correcte pour “fou”?
acido | che si vergogna | letterato | pazzo

760. Quelle est la traduction correcte pour “imprudent”?
celeste | abortivo | negligente | medico

761. Quelle est la traduction correcte pour “stupide”?
squilibrato | salato | morto | stupido

762. Quelle est la traduction correcte pour “utile”?
familiare | utile | inutile | non scritto

763. Quelle est la traduction correcte pour “détaillé”?
lirico | lirico | dettagliato | torbido

764. Quelle est la traduction correcte pour “frais”?
highfalutin | fresco | bisognoso | highfalutin

765. Quelle est la traduction correcte pour “électrique”?
sapere | rigido | volatile | elettrico

766. Quelle est la traduction correcte pour “magique”?
magico | stuzzicante | immaginario | riccio

767. Quelle est la traduction correcte pour “d'abord”?
futuristico | presto | primo | disinvolto

768. Quelle est la traduction correcte pour “impeccable”?
psicotico | scaltro | esotico | immacolato

769. Quelle est la traduction correcte pour “automatique”?
olistico | automatico | condannato | decoroso

770. Quelle est la traduction correcte pour “douloureux”?
irritato | acre | sbagliato | dettagliato

771. Quelle est la traduction correcte pour “petit”?
vago | piccolo | potente | maestoso

772. Quelle est la traduction correcte pour “sans valeur”?
elfico | maligno | senza valore | maligno

773. Quelle est la traduction correcte pour “célèbre”?
famoso | dubbio | insidioso | lascivo

774. Quelle est la traduction correcte pour “rôti”?
ipnotico | vigoroso | arrostito | a bordo

775. Quelle est la traduction correcte pour “jaune”?
sporco | truculento | disponibile | giallo

776. Quelle est la traduction correcte pour “content”?
accurato | sofisticato | imminente | contento

777. Quelle est la traduction correcte pour “apprivoiser”?
unico | automatico | economico | domare

778. Quelle est la traduction correcte pour “bon”?
inutile | carino | presunto | senza pensieri

779. Quelle est la traduction correcte pour “minutieux”?
sciolto | domare | sicuro | attento

780. Quelle est la traduction correcte pour “frisé”?
attento | superbo | riccio | colossale

781. Quelle est la traduction correcte pour “humide”?
umido | impossibile | arido | presente

782. Quelle est la traduction correcte pour “vieux”?
vecchio | interrogativo | grande | innocente

783. Quelle est la traduction correcte pour “pratique”?
maneggevole | tipico | psichedelico | stordito

784. Quelle est la traduction correcte pour “maigre”?
nervoso | pendere | affascinato | nebbioso

785. Quelle est la traduction correcte pour “énorme”?
utile | impavido | enorme | impotente

786. Quelle est la traduction correcte pour “bizarre”?
stupefacente | pazzo | povero | bizzarro

787. Quelle est la traduction correcte pour “amer”?
torreggiante | gigantesco | amaro | cattivo

788. Quelle est la traduction correcte pour “lâche”?
magro | sciolto | enorme | violento

789. Quelle est la traduction correcte pour “cool”?
tacito | freddo | stravagante | abbronzatura

790. Quelle est la traduction correcte pour “acide”?
colto | grato | drammatico | acido

791. Quelle est la traduction correcte pour “renflement”?
ingombrante | stridente | scientifico | protuberanza

792. Quelle est la traduction correcte pour “familier”?
lontano | familiare | paffuto | epocale

793. Quelle est la traduction correcte pour “fermer”?
sconsigliato | incoraggiante | chiuso | presunto

794. Quelle est la traduction correcte pour “violet”?
irritato | nervoso | dipendente | viola

795. Quelle est la traduction correcte pour “moisi”?
poco | cauto | ammuffito | abbandonato

796. Quelle est la traduction correcte pour “précieux”?
prezioso | codardo | abile | metà

797. Quelle est la traduction correcte pour “large”?
largo | frequente | caldo | delizioso

798. Quelle est la traduction correcte pour “près”?
vicino | raccapricciante | prurito | freddo

799. Quelle est la traduction correcte pour “imparfait”?
più brutto | imperfetto | storico | assurdo

800. Quelle est la traduction correcte pour “serré”?
stretto | accorto | focoso | calmo

801. Quelle est la traduction correcte pour “mignon”?
carino | tempestoso | delizioso | flagrante

802. Quelle est la traduction correcte pour “rouge”?
imperfetto | giudizioso | occhi azzurri | rosso

803. Quelle est la traduction correcte pour “duveteux”?
a strisce | nebuloso | umido | soffice

804. Quelle est la traduction correcte pour “BIO”?
ricco | fantastico | biologico | irato

805. Quelle est la traduction correcte pour “beau”?
in uscita | bello | succoso | ricordando

806. Quelle est la traduction correcte pour “excentrique”?
breve | strano | stimolante | apatico

807. Quelle est la traduction correcte pour “horrible”?
grato | picayune | dispensabile | orribile

808. Quelle est la traduction correcte pour “d'occasion”?
ripido | nuovo | separato | seconda mano

809. Quelle est la traduction correcte pour “pluvieux”?
cinque | strano | piovoso | oneroso

810. Quelle est la traduction correcte pour “chaud”?
caldo | elegante | ubriaco | ratto

811. Quelle est la traduction correcte pour “géant”?
gigante | morto | imbarazzato | spalancato

812. Quelle est la traduction correcte pour “peu profond”?
stereotipato | poco profondo | scadente | coraggioso

813. Quelle est la traduction correcte pour “merveilleux”?
sottomesso | stretto | meravigliosa | guai

814. Quelle est la traduction correcte pour “défectueux”?
difettoso | industrioso | coordinato | anormale

815. Quelle est la traduction correcte pour “courbée”?
insensibile | irrisorio | grande | formosa

816. Quelle est la traduction correcte pour “inconnu”?
diabolico | sconosciuto | caro | scintillante

817. Quelle est la traduction correcte pour “ensemble”?
smog | elettrico | bellicoso | totale

818. Quelle est la traduction correcte pour “faible”?
vivace | debole | dritto | affilato

819. Quelle est la traduction correcte pour “homme”?
massiccio | nocivo | maschio | piace

820. Quelle est la traduction correcte pour “oublieux”?
immacolato | brutto | smemorato | scrupoloso

821. Quelle est la traduction correcte pour “bien informé”?
abbondante | splendida | possibile | ben informato

822. Quelle est la traduction correcte pour “lourd”?
setoso | pesante | ipnotico | irritabile

823. Quelle est la traduction correcte pour “fragile”?
schiumoso | fragile | economico | interessante

824. Quelle est la traduction correcte pour “hilarant”?
divertente | piccolo | umoristico | perpetuo

825. Quelle est la traduction correcte pour “deuxième”?
ridondante | contento | pittoresco | secondo

826. Quelle est la traduction correcte pour “étrange”?
strano | allegro | fiacco | lutto

827. Quelle est la traduction correcte pour “facile”?
facile | adesivo | lontano | elfico

828. Quelle est la traduction correcte pour “fort”?
forte | incandescente | dilagante | disgustato

829. Quelle est la traduction correcte pour “précaire”?
bianco e nero | vero | traballante | maleducato

830. Quelle est la traduction correcte pour “peu coûteux”?
materialistico | poco costoso | squallido | tubare

831. Quelle est la traduction correcte pour “petit”?
squallido | poco | ben curato | prurito

832. Quelle est la traduction correcte pour “animé”?
maschio | vivace | gonfio | diabolico

833. Quelle est la traduction correcte pour “difficile”?
romantico | difficile | abbagliante | rozzo

834. Quelle est la traduction correcte pour “Royal”?
imbarazzato | reale | demoniaco | banale

835. Quelle est la traduction correcte pour “tabou”?
sconcertato | tubare | tabù | parallelo

836. Quelle est la traduction correcte pour “sage”?
saggio | curvo | pianura | bello

837. Quelle est la traduction correcte pour “doux”?
glorioso | poco profondo | male | dolce

838. Quelle est la traduction correcte pour “venteux”?
ventoso | dotato | dannoso | scaltro

839. Quelle est la traduction correcte pour “type”?
paura | spiritoso | privato | tipo

840. Quelle est la traduction correcte pour “sophistiqué”?
difettoso | sofisticato | viola | livello

841. Quelle est la traduction correcte pour “brillant”?
negligente | luminoso | misero | vita

842. Quelle est la traduction correcte pour “satisfaisant”?
soddisfacente | disinvolto | luminoso | ripugnante

843. Quelle est la traduction correcte pour “sauvage”?
carino | selvaggio | capace | ribelle

844. Quelle est la traduction correcte pour “humide”?
dire bugie | bagnato | ribelle | dritto

845. Quelle est la traduction correcte pour “jeune”?
zoppicante | abbondante | giovane | mammut

846. Quelle est la traduction correcte pour “pointu”?
pubblico | profondamente | gutturale | affilato

847. Quelle est la traduction correcte pour “même”?
anche | cauto | nebbioso | segreto

848. Quelle est la traduction correcte pour “doux”?
dare le vertigini | abbondante | gentile | saggio

849. Quelle est la traduction correcte pour “orange”?
diverso | scontroso | insapore | arancia

850. Quelle est la traduction correcte pour “faux”?
efficace | sbagliato | poco costoso | unto

851. Quelle est la traduction correcte pour “sûr”?
sicuro | ricettivo | anormale | spiritoso

852. Quelle est la traduction correcte pour “plat”?
ruvido | a poppa | piatto | folle

853. Quelle est la traduction correcte pour “affamé”?
turbolento | volatile | lacrimoso | affamato

854. Quelle est la traduction correcte pour “privé”?
economico | semplice | con gli occhi spalancati | privato

855. Quelle est la traduction correcte pour “puissant”?
esitante | ciarlatano | diverso | potente

856. Quelle est la traduction correcte pour “enthousiaste”?
segreto | maestoso | zibellino | entusiasta

857. Quelle est la traduction correcte pour “courbé”?
sibilante | pazzo | osceno | piegato

858. Quelle est la traduction correcte pour “excellent”?
insolito | grandioso | infantile | eccellente

859. Quelle est la traduction correcte pour “intelligent”?
sconveniente | recondito | intelligente | celeste

860. Quelle est la traduction correcte pour “blanc”?
semplice | irascibile | talentuoso | bianco

861. Quelle est la traduction correcte pour “amical”?
poco costoso | amichevole | ingombra | secondo

862. Quelle est la traduction correcte pour “alcoolique”?
coraggioso | liscio | paura | alcolico

863. Quelle est la traduction correcte pour “grand”?
nullo | grande | parallelo | futuro

864. Quelle est la traduction correcte pour “moitié”?
appuntito | affascinante | robusto | metà

865. Quelle est la traduction correcte pour “suprême”?
disinvolto | supremo | stridulo | miscredente

866. Quelle est la traduction correcte pour “régulier”?
esuberante | regolare | spinoso | vendicativo

867. Quelle est la traduction correcte pour “utile”?
magnifico | raccapricciante | fortunato | utile

868. Quelle est la traduction correcte pour “réel”?
custodito | supremo | faticato | vero

869. Quelle est la traduction correcte pour “moyenne”?
viola | rabbioso | lento | media

870. Quelle est la traduction correcte pour “comestible”?
commestibile | fluttuante | deplorevole | piccolo

871. Quelle est la traduction correcte pour “femme”?
piccolissimo | femmina | stuzzicante | biologico

872. Quelle est la traduction correcte pour “mélangé”?
dettagliato | banale | confuso | chiaro

873. Quelle est la traduction correcte pour “riche”?
abietto | daffy | ricco | umoristico

874. Quelle est la traduction correcte pour “pathétique”?
sospeso | fiorito | patetico | assordante

875. Quelle est la traduction correcte pour “agréable”?
grigio | duraturo | aberrante | piacevole

876. Quelle est la traduction correcte pour “vert”?
tipo | dispensabile | donchisciottesco | verde

877. Quelle est la traduction correcte pour “salé”?
salato | scontroso | fantastico | di buon cuore

878. Quelle est la traduction correcte pour “meilleur”?
piccante | massiccio | incoraggiante | migliore

879. Quelle est la traduction correcte pour “soigné”?
pulito | sinonimo | costoso | fiacco

880. Quelle est la traduction correcte pour “différent”?
femminile | apatico | diverso | certo

881. Quelle est la traduction correcte pour “moderne”?
moderno | abbondante | acido | vivo

882. Quelle est la traduction correcte pour “innocent”?
giovane | celeste | innocente | freddo

883. Quelle est la traduction correcte pour “mortel”?
facendo le fusa | letale | efficace | vigliaccamente

884. Quelle est la traduction correcte pour “spirituel”?
anziano | benestante | spirituale | minuscolo

885. Quelle est la traduction correcte pour “gonflable”?
rimbalzante | abbagliante | sciccoso | razziale

886. Quelle est la traduction correcte pour “riche”?
fermo | moderno | extra grande | ricco

887. Quelle est la traduction correcte pour “banal”?
in fiamme | mondano | familiare | sopravvalutato

888. Quelle est la traduction correcte pour “sinistre”?
pochi | evanescente | sinistro | picchettamento

889. Quelle est la traduction correcte pour “fragile”?
irato | fortunato | vuoto | fragile

890. Quelle est la traduction correcte pour “parfait”?
abile | perfetto | elegante | rustico

891. Quelle est la traduction correcte pour “sale”?
sporco | nocciola | rigido | sorprendente

892. Quelle est la traduction correcte pour “abrupte”?
vuoto | ripido | metà | calcolo

893. Quelle est la traduction correcte pour “court”?
corto | pannolino | livello | senzatetto

894. Quelle est la traduction correcte pour “froid”?
rosso | misterioso | freddo | maleducato

895. Quelle est la traduction correcte pour “joli”?
bello | malvagio | abbandonato | sofisticato

896. Quelle est la traduction correcte pour “sec”?
mammut | flagrante | sorridente | asciutto

897. Quelle est la traduction correcte pour “jeune”?
in realtà | giovanile | assente | dare le vertigini

898. Quelle est la traduction correcte pour “glacé”?
delicato | ghiacciato | cinico | confuso

899. Quelle est la traduction correcte pour “effrayant”?
intelligente | giocoso | strisciante | sospeso

900. Quelle est la traduction correcte pour “disponible”?
elegante | sconveniente | profondo | disponibile

901. Quelle est la traduction correcte pour “brun”?
barbaro | adesivo | marrone | soffocante

902. Quelle est la traduction correcte pour “calme”?
calma | elegante | sapere | robusto

903. Quelle est la traduction correcte pour “ambiguë”?
minore | appassionato | ambiguo | fresco

904. Quelle est la traduction correcte pour “réussi”?
curioso | pesante | bizzarro | riuscito

905. Quelle est la traduction correcte pour “aventureux”?
perfetto | avventuroso | piatto | raccapricciante

906. Quelle est la traduction correcte pour “droit”?
ben fatto | arido | dritto | confuso

907. Quelle est la traduction correcte pour “nonchalant”?
gustoso | sconfinato | improvviso | disinvolto

908. Quelle est la traduction correcte pour “aigre”?
acido | pulito | vigliaccamente | curioso

909. Quelle est la traduction correcte pour “fatigué”?
stanco | sorprendente | forte | eretto

910. Quelle est la traduction correcte pour “rangé”?
allettante | ordinato | ampio | importato

911. Quelle est la traduction correcte pour “en larmes”?
doloroso | lacrimoso | cooperativa | nebuloso

912. Quelle est la traduction correcte pour “chanceux”?
polveroso | fortunato | sciocco | muto

913. Quelle est la traduction correcte pour “en bonne santé”?
senzatetto | salutare | irritabile | numerose

914. Quelle est la traduction correcte pour “rond”?
triste | fobico | girare | ipnotico

915. Quelle est la traduction correcte pour “graisse”?
intelligente | grasso | industrioso | eccezionale

916. Quelle est la traduction correcte pour “plaine”?
pianura | verdeggiante | entusiasta | difficile

917. Quelle est la traduction correcte pour “spécial”?
speciale | piccolo | comune | irresponsabile

918. Quelle est la traduction correcte pour “bienveillant”?
assetato | folle | di buon cuore | senza pari

919. Quelle est la traduction correcte pour “rapide”?
divertito | delicato | presto | efficiente

920. Quelle est la traduction correcte pour “doux”?
asciutto | efficiente | morbido | poco

921. Quelle est la traduction correcte pour “ennuyeux”?
vivace | noioso | obeso | cattivo

922. Quelle est la traduction correcte pour “cassé”?
rotto | giusto | storto | inebriante

923. Quelle est la traduction correcte pour “magnifique”?
magnifico | capace | formosa | interrogativo

924. Quelle est la traduction correcte pour “désordonné”?
comune | disordinato | impertinente | panoramico

925. Quelle est la traduction correcte pour “médical”?
affascinante | acuto | medico | setoso

926. Quelle est la traduction correcte pour “minuscule”?
minuscolo | vicinato | giovane | sporco

927. Quelle est la traduction correcte pour “fantaisie”?
tuonante | tenero | serio | fantasia

928. Quelle est la traduction correcte pour “silencieux”?
plastica | indisciplinato | ironico | silenzioso

929. Quelle est la traduction correcte pour “rugueux”?
errato | divertente | provocatorio | ruvido

930. Quelle est la traduction correcte pour “vide”?
vuoto | finto | prezioso | aggressivo

931. Quelle est la traduction correcte pour “romantique”?
romantico | roca | scientifico | nostalgico

932. Quelle est la traduction correcte pour “bleu”?
abbandonato | blu | elegante | avanti

933. Quelle est la traduction correcte pour “savoureux”?
arrossire | noioso | gustoso | seconda mano

934. Quelle est la traduction correcte pour “grand”?
santificato | spurio | dolce | alto

935. Quelle est la traduction correcte pour “occupé”?
silenzioso | crudele | sostanziale | occupato

936. Quelle est la traduction correcte pour “poli”?
spumeggiante | educato | grottesco | malsano

937. Quelle est la traduction correcte pour “intelligent”?
comodo | imbronciato | intelligente | capriccioso

938. Quelle est la traduction correcte pour “rigide”?
lento | vita | amaro | rigido

939. Quelle est la traduction correcte pour “de la taille d'une bouchée”?
volgare | di dimensioni ridotte | macchiato | fluttuante

940. Quelle est la traduction correcte pour “impair”?
picayune | strano | tremendo | spirituale

941. Quelle est la traduction correcte pour “beau”?
distaccato | cattivo | astratto | bellissimo

942. Quelle est la traduction correcte pour “rose”?
profumatamente | irritante | rosa | appassionato

943. Quelle est la traduction correcte pour “profond”?
pallido | insolito | capace | profondo

944. Quelle est la traduction correcte pour “loin”?
imparato | aprire | ottimale | lontano

945. Quelle est la traduction correcte pour “féroce”?
parsimonioso | feroce | disfunzionale | insolito

946. Quelle est la traduction correcte pour “rapide”?
maestoso | veloce | appropriato | plausibile

947. Quelle est la traduction correcte pour “épicé”?
speziato | trasandato | carino | aprire

948. Quelle est la traduction correcte pour “horrible”?

raccapricciante | irascibile | incompetente | malato

949. Quelle est la traduction correcte pour “complet”?
senza cervello | bianco e nero | pieno | nervoso

950. Quelle est la traduction correcte pour “difficile”?
spaventoso | ruvido | difficile | ossequioso

951. Quelle est la traduction correcte pour “vilain”?
irritante | senza pari | cattivo | a poppa

952. Quelle est la traduction correcte pour “nouveau”?
nuovo | premio | noioso | sinuoso

953. Quelle est la traduction correcte pour “grossier”?
strano | maleducato | vacuo | piovoso

Chapitre 4

PRÉPOSITIONS

954. Quelle est la traduction correcte pour “moins”?
spento | sotto | per | meno

955. Quelle est la traduction correcte pour “sur”?
giù | tra | dietro | su

956. Quelle est la traduction correcte pour “jusqu'à”?
fino a | meno | dentro | accanto

957. Quelle est la traduction correcte pour “sur”?
sopra | opposto | con | fino a

958. Quelle est la traduction correcte pour “parmi”?
tra | sotto | spento | di

959. Quelle est la traduction correcte pour “que”?
di | vicino | più | contro

960. Quelle est la traduction correcte pour “passé”?
di | passato | da | spento

961. Quelle est la traduction correcte pour “depuis”?
da | escluso | su | nonostante

962. Quelle est la traduction correcte pour “à l'exclusion”?
escluso | dopo | al di là | a differenza di

963. Quelle est la traduction correcte pour “pour”?
seguente | vicino | per | contro

964. Quelle est la traduction correcte pour “avec”?
senza | su | con | entro

965. Quelle est la traduction correcte pour “contraire”?
opposto | su | da | sopra

966. Quelle est la traduction correcte pour “autour”?
dentro | meno | contro | in giro

967. Quelle est la traduction correcte pour “près”?
vicino | sotto | attraverso | sotto

968. Quelle est la traduction correcte pour “sans”?
al di là | dopo | passato | senza

969. Quelle est la traduction correcte pour “sur”?
accanto | su | prima | dentro

970. Quelle est la traduction correcte pour “sauf”?
sopra | su | tranne | al di fuori

971. Quelle est la traduction correcte pour “sous”?
con | opposto | sotto | fino a

972. Quelle est la traduction correcte pour “après”?
passato | su | dopo | a differenza di

973. Quelle est la traduction correcte pour “contre”?
contro | su | sotto | entro

974. Quelle est la traduction correcte pour “au-delà”?
per | sotto | al di là | di

975. Quelle est la traduction correcte pour “sous”?
da | su | sotto | sopra

976. Quelle est la traduction correcte pour “contrairement à”?
con | opposto | fra | a differenza di

977. Quelle est la traduction correcte pour “sous”?
più | vicino | seguente | sotto

978. Quelle est la traduction correcte pour “à l'intérieur”?
tranne | escluso | dentro | nonostante

979. Quelle est la traduction correcte pour “entre”?
sotto | su | senza | fra

980. Quelle est la traduction correcte pour “plus”?
al di fuori | più | in giro | di

981. Quelle est la traduction correcte pour “avant”?
prima | da | attraverso | lungo

982. Quelle est la traduction correcte pour “malgré”?
attraverso | nonostante | fra | giù

983. Quelle est la traduction correcte pour “au-dessus de”?
in direzione | sopra | per | lungo

984. Quelle est la traduction correcte pour “dehors”?
a differenza di | al di fuori | in direzione | al di là

985. Quelle est la traduction correcte pour “à travers”?
dietro | tra | attraverso | attraverso

986. Quelle est la traduction correcte pour “à propos”?
entro | di | contro | sotto

987. Quelle est la traduction correcte pour “dessous”?
su | escluso | tranne | sotto

988. Quelle est la traduction correcte pour “depuis”?
contro | meno | da | accanto

989. Quelle est la traduction correcte pour “le long de”?
in giro | lungo | tranne | sotto

990. Quelle est la traduction correcte pour “via”?
di | su | sopra | attraverso

991. Quelle est la traduction correcte pour “désactivé”?
attraverso | da | in direzione | spento

992. Quelle est la traduction correcte pour “contre”?
fra | contro | seguente | fino a

993. Quelle est la traduction correcte pour “bas”?
da | su | prima | giù

994. Quelle est la traduction correcte pour “suivant”?
seguente | su | di | al di fuori

995. Quelle est la traduction correcte pour “dans”?
prima | entro | senza | sopra

996. Quelle est la traduction correcte pour “à travers”?
contro | attraverso | dietro | più

997. Quelle est la traduction correcte pour “derrière”?
attraverso | sotto | dietro | sotto

998. Quelle est la traduction correcte pour “sur”?
nonostante | su | sopra | su

999. Quelle est la traduction correcte pour “en haut”?
su | tra | giù | attraverso

1000. Quelle est la traduction correcte pour “à côté de”?
attraverso | sotto | in giro | accanto

1001. Quelle est la traduction correcte pour “vers”?
attraverso | da | in direzione | lungo

Chapitre 5

RÉPONSES

1. la formica | 2. la popolazione
3. la costa | 4. la storia
5. il sale | 6. il mese
7. il muro | 8. il cucchiaio
9. lo strumento | 10. il segno
11. la casa | 12. la parte
13. il trucco | 14. la finestra
15. l'isola | 16. la categoria
17. la connessione | 18. il voto
19. la medicina | 20. il sapore
21. la famiglia | 22. la montagna
23. il numero | 24. la chitarra
25. l'oceano | 26. il treno
27. il cavo | 28. l'aeroplano
29. la verdura | 30. la pioggia
31. il punto | 32. il cibo
33. la fondazione | 34. il corvo
35. il fidanzato | 36. l'università
37. la domanda | 38. l'angolo
39. la lettera | 40. la fata
41. la profondità | 42. l'arte
43. il debito | 44. l'albero
45. l'allarme | 46. la bottiglia

47. il virus | 48. il camion
49. la patata | 50. il riso
51. il pastello | 52. il confine
53. il cancello | 54. la tastiera
55. il tasto | 56. lo spazio
57. l'arancia | 58. la battaglia
59. il figlio | 60. l'atmosfera
61. l'abilità | 62. l'animale domestico
63. la gazzosa | 64. la piazza
65. la cura | 66. il vaso
67. il dipinto | 68. la verità
69. l'immaginazione | 70. la polizia
71. la strada | 72. i dati
73. il buco | 74. il divano
75. i media | 76. l'uncino
77. il mare | 78. il proprietario
79. il rapporto | 80. la mano
81. il dipartimento | 82. il burro
83. la foto | 84. il capo
85. il legno | 86. la sinistra
87. la linea | 88. la terra
89. l'odore | 90. la dimensione
91. la strada | 92. la collina
93. l'orologio | 94. il pagamento
95. il volume | 96. la tenda
97. il funerale | 98. il polso
99. l'autista | 100. l'ala
101. la luna | 102. il fulmine
103. il video | 104. l'amico
105. la bocca | 106. il bacio
107. il fondo | 108. il disastro
109. l'esempio | 110. l'industria
111. il veleno | 112. la tenda
113. la settimana | 114. il cliente
115. il triangolo | 116. l'anno
117. la moneta | 118. la nebbia

119. il formaggio | 120. la porta
121. il fratello | 122. il serpente
123. l'insegnante | 124. la polvere
125. la guerra | 126. lo scrittore
127. lo sconosciuto | 128. il momento
129. l'hobby | 130. l'argomento
131. il problema | 132. l'applicazione
133. la mappa | 134. il contesto
135. il gomito | 136. il vulcano
137. la pentola | 138. il gruppo
139. il tempo | 140. il bagno
141. la frittella | 142. il miele
143. l'inquinamento | 144. il carpentiere
145. il gatto | 146. la chimica
147. il cavolo | 148. l'anatra
149. il terremoto | 150. il compleanno
151. la paglia | 152. l'edificio
153. il potere | 154. il desiderio
155. il vetro | 156. il vincitore
157. lo stomaco | 158. il letto
159. il collo | 160. la stazione
161. il successo | 162. la forchetta
163. il mento | 164. la calcolatrice
165. la conoscenza | 166. il film
167. la tasca | 168. il sapore
169. il senso | 170. il porto
171. la ricetta | 172. la definizione
173. la persona | 174. il lago
175. la sicurezza | 176. la zia
177. il significato | 178. la posizione
179. il cane | 180. il mobile
181. il cappotto | 182. il pavimento
183. il prezzo | 184. l'articolo
185. il prodotto | 186. la televisione
187. l'invenzione | 188. la stella
189. la regina | 190. la cassetta postale

191. il sorriso | 192. la cima
193. l'esterno | 194. il diamante
195. il distintivo | 196. il metallo
197. la pianta | 198. la ruota
199. l'incontro | 200. l'ago
201. la scatola | 202. la chiesa
203. il fatto | 204. l'incidente
205. la lingua | 206. l'infanzia
207. lo scoiattolo | 208. la crema
209. il sacco | 210. l'idea
211. l'uovo | 212. l'entrata
213. la neve | 214. l'azienda
215. la descrizione | 216. la scuola
217. la macchina | 218. la prestazione
219. il cellulare | 220. la casa
221. il profitto | 222. il sistema
223. la salute | 224. la ragione
225. la conversazione | 226. l'area
227. la penna | 228. la responsabilità
229. la torta | 230. la distanza
231. il modo | 232. l'albergo
233. il giocattolo | 234. la bomba
235. il metodo | 236. il bambino
237. il volo | 238. l'attrazione
239. la magia | 240. il giornale
241. l'autostrada | 242. la faccia
243. l'umorismo | 244. il sangue
245. il dipendente | 246. la percentuale
247. lo zaino | 248. il libro
249. il vestito | 250. il bambino
251. la natura | 252. la figlia
253. il lato | 254. la sciarpa
255. la creatura | 256. l'importo
257. la grotta | 258. la differenza
259. la punta | 260. il fiore
261. il seme | 262. l'investimento

263. il motore | 264. la coda
265. l'osso | 266. il fallimento
267. il ghiaccio | 268. il gioiello
269. il cielo | 270. il giocatore
271. l'ombra | 272. l'olio
273. l'appartamento | 274. lo sforzo
275. il cappello | 276. la carne
277. l'erba | 278. la pagina
279. il software | 280. il taglio di capelli
281. l'energia | 282. la gente
283. la gamba | 284. fine
285. il martello | 286. la temperatura
287. il menu | 288. il quartiere
289. la zuppa | 290. l'altezza
291. l'opinione | 292. la campana
293. il sole | 294. il liquido
295. la qualità | 296. la combinazione
297. l'animale | 298. il poema
299. le forbici | 300. il ratto
301. l'account | 302. la camera da letto
303. la tavola | 304. il gigante
305. la cosa | 306. il passeggero
307. la competizione | 308. la biancheria intima
309. i compiti per casa | 310. il giubbotto
311. la cena | 312. la notte
313. la metà | 314. il guanto
315. la gamma | 316. l'umore
317. la musica | 318. l'occhio
319. il colore | 320. il responsabile
321. la tecnologia | 322. il pesce
323. il ragno | 324. il canale
325. la parola | 326. il contratto
327. la classe | 328. il tetto
329. il frigorifero | 330. l'ufficio
331. la fidanzata | 332. i politici
333. il tasto | 334. l'imposta

335. il filo | 336. la bolla
337. lo zoo | 338. il pomeriggio
339. il limite | 340. il maglione
341. la malattia | 342. l'esame
343. la religione | 344. l'offerta
345. i capelli | 346. il frutto
347. il crimine | 348. la pompa
349. la trama | 350. il fiume
351. lo spazzolino da denti | 352. lo spuntino
353. la tenuta | 354. la bandiera
355. la noce | 356. il negozio
357. la sporcizia | 358. l'ambiente
359. la dichiarazione | 360. la mucca
361. il sapone | 362. l'ombrello
363. l'accordo | 364. la parte anteriore
365. il nord | 366. il gruppo
367. il piatto | 368. il collare
369. il ponte | 370. il pianeta
371. il carcere | 372. i vestiti
373. la tazza | 374. l'uccello
375. la soluzione | 376. la decisione
377. la strategia | 378. il calore
379. il valore | 380. la stampa
381. la situazione | 382. la comunità
383. l'aeroporto | 384. l'ora
385. l'anello | 386. la storia
387. il dessert | 388. il messaggio
389. il luogo | 390. il computer
391. la foto | 392. la barca
393. il dentifricio | 394. il biglietto
395. gli scacchi | 396. l'uva
397. l'ascensore | 398. la ricchezza
399. la scrivania | 400. il cavallo
401. il marito | 402. la terra
403. il pollo | 404. l'inizio
405. il cassetto | 406. il latte

407. la roccia | 408. la possibilità
409. la folla | 410. il cuore
411. lo zio | 412. il cerchio
413. la cantina | 414. il tema
415. il regalo | 416. la priorità
417. la direzione | 418. il fischio
419. la moglie | 420. il risultato
421. l'ospedale | 422. la città
423. la mosca | 424. il visitatore
425. la realtà | 426. il mondo
427. la polvere | 428. l'utente
429. il coltello | 430. i soldi
431. la carne bovina | 432. la pistola
433. il topo | 434. l'ospite
435. la mensola | 436. il parco giochi
437. la voce | 438. il forno
439. la borsa | 440. il calendario
441. la ragazza | 442. la fotocamera
443. la cerniera | 444. il pubblico
445. l'evento | 446. il governo
447. il matrimonio | 448. la proprietà
449. l'assicurazione | 450. la scala a pioli
451. la legge | 452. la strada
453. inverno | 454. il peso
455. la crepa | 456. lo spettacolo
457. la sigaretta | 458. il marciapiede
459. la scarpa | 460. la biblioteca
461. il fantasma | 462. il retro
463. la posizione | 464. il presidente
465. l'equipaggiamento | 466. il re
467. la scienza | 468. il vento
469. l'estate | 470. la lingua
471. la mezzanotte | 472. la sicurezza
473. la destra | 474. il drenaggio
475. la varietà | 476. il profumo
477. il piano di sopra | 478. la ciliegia

479. paese | 480. lo studente
481. la rivista | 482. l'altalena
483. l'educazione | 484. il suono
485. il fuoco | 486. l'esercito
487. l'attività | 488. il design
489. la fattoria | 490. la città
491. il succo | 492. il dinosauro
493. l'informazione | 494. il tubo flessibile
495. la sabbia | 496. la lumaca
497. l'interno | 498. la tradizione
499. la canzone | 500. la ricevuta
501. odiare | 502. fidarsi
503. gestire | 504. gemere
505. crescere | 506. lottare
507. sorprendere | 508. irritare
509. fumare | 510. afferrare
511. girare | 512. scusarsi
513. stare | 514. mangiare
515. trattare | 516. cantare
517. spiegare | 518. includere
519. fare del male | 520. bere
521. ripetere | 522. uccidere
523. schiacciare | 524. giudicare
525. spostare | 526. masticare
527. esplodere | 528. uccidere
529. sbloccare | 530. permettersi
531. assaggiare | 532. andare in pensione
533. pizzicare | 534. litigare
535. indicare | 536. guardare
537. lampeggiare | 538. incoraggiare
539. notare | 540. colpire
541. fare un casino | 542. rimuovere
543. invitare | 544. aprire
545. distruggere | 546. decidere
547. sollevare | 548. calciare
549. rilasciare | 550. portare

551. postare | 552. esaminare
553. approvare | 554. strofinare
555. mentire | 556. salutare
557. rovinare | 558. schiaffeggiare
559. evitare | 560. arrivare
561. asciugare | 562. aderire
563. comprare | 564. vantarsi
565. disapprovare | 566. bollire
567. scioccare | 568. tradire
569. spingere | 570. permettere
571. allegare | 572. sorridere
573. esistere | 574. trovare
575. bussare | 576. dare un pugno
577. spargere | 578. scomparire
579. dire | 580. eseguire
581. attrarre | 582. ballare
583. lavare | 584. appartenere
585. mettere in pausa | 586. imbarazzare
587. leccare | 588. ridere
589. rispondere | 590. cambiare
591. sprecare | 592. sciogliere
593. accarezzare | 594. versare
595. guidare | 596. migliorare
597. terrorizzare | 598. salvare
599. non gradire, non piacere | 600. fare pratica
601. rispondere | 602. possedere
603. urlare | 604. per connettere
605. svanire | 606. punire
607. graffiare | 608. descrivere
609. imballare | 610. osare
611. ad annusare | 612. fare un passo
613. scappare | 614. godere
615. coprire | 616. separare
617. brillare | 618. rilassarsi
619. intrappolare | 620. nuotare
621. cambiare | 622. sorridere

623. per ringraziare | 624. esercitarsi
625. pianificare | 626. cacciare
627. immaginare | 628. ascoltare
629. svuotare | 630. tossire
631. inseguire | 632. arrangiarsi
633. meritarsi | 634. aumentare
635. a prendere | 636. far cadere
637. concentrare | 638. controllare
639. spaventare | 640. bandire
641. aiutare | 642. appendere
643. inchinarsi | 644. dubitare
645. spogliarsi | 646. sottrarre
647. spruzzare | 648. mendicare
649. visitare | 650. decorare
651. applaudire | 652. entrare
653. correre | 654. realizzare
655. avvisare | 656. registrare
657. prendere in prestito | 658. urlare
659. ricevere | 660. volere
661. sospendere | 662. rimpiazzare
663. correre | 664. fare il solletico
665. disimballare | 666. sognare
667. attaccare | 668. avvolgere
669. digitare | 670. spazzolare
671. inventare | 672. fare affidamento
673. partecipare | 674. saltare
675. promettere | 676. per ingannare
677. pressare | 678. contenere
679. mescolare | 680. scoprire
681. forzare | 682. gattonare
683. cuocere al forno | 684. mescolare
685. alla rovina | 686. suggerire
687. annuire | 688. misurare
689. canticchiare | 690. scrollare le spalle
691. piacere | 692. nevicare
693. abbracciare | 694. confondere

695. riparare | 696. galleggiare
697. russare | 698. chiudere
699. giocare | 700. affrettarsi
701. di legno | 702. raro
703. coraggioso | 704. succoso
705. brillante | 706. vigliaccamente
707. nuvoloso | 708. bene
709. usato | 710. avanti
711. eccezionale | 712. ampio
713. allarmante | 714. nostalgico
715. pericoloso | 716. robusto
717. energico | 718. inutile
719. sopravvalutato | 720. polveroso
721. opposto | 722. brutto
723. vivo | 724. incompetente
725. ubriaco | 726. violento
727. fertile | 728. spiritoso
729. rumoroso | 730. duro
731. vivace | 732. sposato
733. stretto | 734. prossimo
735. scontroso | 736. scaltro
737. disordinato | 738. caldo
739. adorabile | 740. maturo
741. maturo | 742. piazza
743. numerose | 744. presto
745. buio | 746. pigro
747. quotidiano | 748. grande
749. vago | 750. ordinario
751. nero | 752. senzatetto
753. marcio | 754. magro
755. sporco | 756. divertente
757. arrabbiato | 758. magro
759. pazzo | 760. negligente
761. stupido | 762. utile
763. dettagliato | 764. fresco
765. elettrico | 766. magico

767. primo | 768. immacolato
769. automatico | 770. irritato
771. piccolo | 772. senza valore
773. famoso | 774. arrostito
775. giallo | 776. contento
777. domare | 778. carino
779. attento | 780. riccio
781. umido | 782. vecchio
783. maneggevole | 784. pendere
785. enorme | 786. bizzarro
787. amaro | 788. sciolto
789. freddo | 790. acido
791. protuberanza | 792. familiare
793. chiuso | 794. viola
795. ammuffito | 796. prezioso
797. largo | 798. vicino
799. imperfetto | 800. stretto
801. carino | 802. rosso
803. soffice | 804. biologico
805. bello | 806. strano
807. orribile | 808. seconda mano
809. piovoso | 810. caldo
811. gigante | 812. poco profondo
813. meravigliosa | 814. difettoso
815. formosa | 816. sconosciuto
817. totale | 818. debole
819. maschio | 820. smemorato
821. ben informato | 822. pesante
823. fragile | 824. divertente
825. secondo | 826. strano
827. facile | 828. forte
829. traballante | 830. poco costoso
831. poco | 832. vivace
833. difficile | 834. reale
835. tabù | 836. saggio
837. dolce | 838. ventoso

839. tipo | 840. sofisticato
841. luminoso | 842. soddisfacente
843. selvaggio | 844. bagnato
845. giovane | 846. affilato
847. anche | 848. gentile
849. arancia | 850. sbagliato
851. sicuro | 852. piatto
853. affamato | 854. privato
855. potente | 856. entusiasta
857. piegato | 858. eccellente
859. intelligente | 860. bianco
861. amichevole | 862. alcolico
863. grande | 864. metà
865. supremo | 866. regolare
867. utile | 868. vero
869. media | 870. commestibile
871. femmina | 872. confuso
873. ricco | 874. patetico
875. piacevole | 876. verde
877. salato | 878. migliore
879. pulito | 880. diverso
881. moderno | 882. innocente
883. letale | 884. spirituale
885. rimbalzante | 886. ricco
887. mondano | 888. sinistro
889. fragile | 890. perfetto
891. sporco | 892. ripido
893. corto | 894. freddo
895. bello | 896. asciutto
897. giovanile | 898. ghiacciato
899. strisciante | 900. disponibile
901. marrone | 902. calma
903. ambiguo | 904. riuscito
905. avventuroso | 906. dritto
907. disinvolto | 908. acido
909. stanco | 910. ordinato

911. lacrimoso | 912. fortunato
913. salutare | 914. girare
915. grasso | 916. pianura
917. speciale | 918. di buon cuore
919. presto | 920. morbido
921. noioso | 922. rotto
923. magnifico | 924. disordinato
925. medico | 926. minuscolo
927. fantasia | 928. silenzioso
929. ruvido | 930. vuoto
931. romantico | 932. blu
933. gustoso | 934. alto
935. occupato | 936. educato
937. intelligente | 938. rigido
939. di dimensioni ridotte | 940. strano
941. bellissimo | 942. rosa
943. profondo | 944. lontano
945. feroce | 946. veloce
947. speziato | 948. raccapricciante
949. pieno | 950. difficile
951. cattivo | 952. nuovo
953. maleducato | 954. meno
955. su | 956. fino a
957. sopra | 958. tra
959. di | 960. passato
961. da | 962. escluso
963. per | 964. con
965. opposto | 966. in giro
967. vicino | 968. senza
969. su | 970. tranne
971. sotto | 972. dopo
973. contro | 974. al di là
975. sotto | 976. a differenza di
977. sotto | 978. dentro
979. fra | 980. più
981. prima | 982. nonostante

983. sopra | 984. al di fuori
985. attraverso | 986. di
987. sotto | 988. da
989. lungo | 990. attraverso
991. spento | 992. contro
993. giù | 994. seguente
995. entro | 996. attraverso
997. dietro | 998. su
999. su | 1000. accanto
1001. in direzione

LIVRE 2:
Parlez italien rapidement avec 1001 phrases italienes

Livre de pratique rapide de l'italien pour les débutants, de zéro à la conversation

1. La fourmi porte une petite feuille.
La formica sta portando una piccola foglia.

2. La population de la commune est en croissance.
La popolazione della città è in crescita.

3. Nous avons fait un pique-nique sur la côte sablonneuse.
Abbiamo fatto un picnic sulla costa sabbiosa.

4. Laissez-moi vous raconter une histoire avant de dormir.
Lascia che ti racconti una favola della buonanotte.

5. J'ai saupoudré un peu de sel sur mes frites.
Ho cosparso un po' di sale sulle mie patatine fritte.

6. Mon anniversaire est au mois d'août.
Il mio compleanno è nel mese di agosto.

7. L'image colorée est accrochée au mur.
L'immagine colorata è appesa al muro.

8. J'ai utilisé une cuillère pour manger mes céréales.
Ho usato un cucchiaio per mangiare i miei cereali.

9. Elle joue du piano, un bel instrument de musique.
Suona il pianoforte, uno strumento musicale bellissimo.

10. Le panneau d'arrêt nous aide à rester en sécurité sur la route.
Il segnale di stop ci aiuta a stare al sicuro sulla strada.

11. Ma famille et moi vivons dans une maison confortable.
Io e la mia famiglia viviamo in una casa accogliente.

12. Chaque pièce du puzzle s'emboîte parfaitement.
Ogni parte del puzzle si incastra perfettamente.

13. Il nous a montré un tour de magie avec des cartes.
Ci ha mostrato un trucco magico con le carte.

14. J'ai vu un oiseau taper à la fenêtre.
Ho visto un uccello bussare alla finestra.

15. Ils sont partis en vacances sur une île tropicale.
Sono andati in vacanza su un'isola tropicale.

16. Mettez les livres dans leur catégorie respective.
Inserisci i libri nella rispettiva categoria.

17. Il y a un lien fort entre les deux idées.
C'è una forte connessione tra le due idee.

18. Elle a obtenu un A+ à son test de mathématiques, une note parfaite.
Ha preso un A+ nel test di matematica, un voto perfetto.

19. Prenez ce médicament pour vous sentir mieux.
Prendi questa medicina per sentirti meglio.

20. La glace a un goût sucré et délicieux.
Il gelato ha un gusto dolce e delizioso.

21. Nous avons passé un bon moment au parc avec notre famille.
Siamo stati benissimo al parco con la nostra famiglia.

22. La montagne enneigée avait l'air majestueuse.
La montagna innevata sembrava maestosa.

23. Pouvez-vous me dire le numéro de téléphone, s'il vous plaît?
Puoi dirmi il numero di telefono, per favore?

24. Il a joué une belle mélodie à la guitare.
Ha suonato una bellissima melodia con la chitarra.

25. Les vagues de l'océan étaient grandes et puissantes.
Le onde nell'oceano erano grandi e potenti.

26. Nous avons pris un train pour visiter la ville voisine.
Abbiamo preso un treno per visitare la vicina città.

27. Le câble relie le téléviseur au mur.
Il cavo collega la TV alla parete.

28. J'adore regarder par la fenêtre d'un avion.
Adoro guardare fuori dal finestrino su un aereo.

29. La carotte est un légume sain et savoureux.
Le carote sono un ortaggio sano e gustoso.

30. Nous sommes restés à l'intérieur à cause de la forte pluie.
Siamo rimasti in casa a causa della forte pioggia.

31. Pouvez-vous me montrer sur la carte à quel point nous sommes?
Puoi mostrarmi sulla mappa in quale punto ci troviamo?

32. J'ai faim, allons chercher de la nourriture délicieuse.
Ho fame, andiamo a prendere del cibo delizioso.

33. La fondation solide maintient le bâtiment stable.
Le solide fondamenta mantengono stabile l'edificio.

34. J'ai vu un corbeau noir assis sur la clôture.
Ho visto un corvo nero seduto sulla staccionata.

35. Elle a présenté son petit ami à la famille.
Ha presentato il suo ragazzo alla famiglia.

36. Ma sœur étudie à l'université.

Mia sorella studia all'università.

37. Levez la main si vous avez une question.
Alzi la mano chi ha una domanda.

38. Le carré a quatre angles égaux.
Il quadrato ha quattro angoli uguali.

39. J'ai reçu une lettre de mon correspondant.
Ho ricevuto una lettera dal mio amico di penna.

40. Dans l'histoire, une gentille fée exauce trois souhaits.
Nella storia, una fata gentile esaudisce tre desideri.

41. L'océan a des profondeurs mystérieuses et vastes.
L'oceano ha profondità misteriose e vaste.

42. La peinture et le dessin sont des formes d'art.
La pittura e il disegno sono forme d'arte.

43. Il a emprunté de l'argent et a maintenant une dette à payer.
Ha preso in prestito denaro e ora ha un debito da pagare.

44. L'arbre fournissait de l'ombre par une chaude journée.
L'albero ha fornito ombra in una giornata calda.

45. L'alarme m'a réveillé le matin.
La sveglia mi ha svegliato la mattina.

46. J'ai bu de l'eau d'une bouteille froide.
Ho bevuto acqua da una bottiglia fredda.

47. Se laver les mains aide à prévenir la propagation des virus.
Lavarsi le mani aiuta a prevenire la diffusione dei virus.

48. Le camion de livraison a apporté un colis.

Il camion delle consegne ha portato un pacco.

49. Nous avons mangé de la purée de pommes de terre avec le dîner.
Abbiamo mangiato purè di patate a cena.

50. J'aime manger du riz frit avec des légumes.
Mi piace mangiare il riso fritto con le verdure.

51. J'ai utilisé un crayon bleu pour colorer le ciel.
Ho usato un pastello blu per colorare il cielo.

52. La carte montre la frontière entre deux pays.
La mappa mostra il confine tra due paesi.

53. Le portail en bois mène au jardin.
Il cancello di legno conduce al giardino.

54. Elle a tapé un e-mail sur le clavier de l'ordinateur.
Ha digitato un'e-mail sulla tastiera del computer.

55. Appuyez sur le bouton rouge pour démarrer le jeu.
Premi il pulsante rosso per iniziare il gioco.

56. Les astronautes voyagent dans l'espace dans des fusées.
Gli astronauti viaggiano nello spazio con i razzi.

57. J'ai épluché une orange pour manger en collation.
Ho sbucciato un'arancia da mangiare come spuntino.

58. Les chevaliers ont eu une bataille féroce à l'époque médiévale.
I cavalieri hanno avuto una feroce battaglia nel medioevo.

59. Mon fils adore jouer avec sa petite voiture.
Mio figlio adora giocare con la sua macchinina.

60. L'atmosphère terrestre nous protège de l'espace.
L'atmosfera terrestre ci protegge dallo spazio.

61. Jouer du piano nécessite de la pratique et de l'habileté.
Suonare il pianoforte richiede pratica e abilità.

62. Son chien de compagnie est amical et joueur.
Il suo cane è amichevole e giocherellone.

63. J'aime boire du soda par temps chaud.
Mi piace bere soda nei giorni caldi.

64. Un carré a quatre côtés égaux.
Un quadrato ha quattro lati uguali.

65. Les médecins travaillent dur pour trouver un remède aux maladies.
I medici lavorano duramente per trovare una cura per le malattie.

66. J'ai stocké les cookies dans un bocal en verre.
Ho conservato i biscotti in un barattolo di vetro.

67. Elle a créé une belle peinture d'une fleur.
Ha creato un bellissimo dipinto di un fiore.

68. Dites toujours la vérité, même si c'est difficile.
Di' sempre la verità, anche se è dura.

69. Les enfants ont une imagination débordante lorsqu'ils jouent.
I bambini hanno una vivida immaginazione quando giocano.

70. Le policier aide à assurer la sécurité de la communauté.
L'ufficiale di polizia aiuta a mantenere la comunità al sicuro.

71. Nous avons roulé sur une route longue et sinueuse.
Abbiamo guidato su una strada lunga e tortuosa.

72. Les scientifiques collectent et analysent des données pour la recherche.
Gli scienziati raccolgono e analizzano i dati per la ricerca.

73. Il y avait un petit trou dans ma chaussette.
C'era un piccolo buco nel mio calzino.

74. J'aime me détendre sur le canapé confortable.
Mi piace rilassarmi sul comodo divano.

75. Nous recevons des nouvelles et des informations des médias.
Riceviamo notizie e informazioni dai media.

76. Accrochez votre manteau au crochet près de la porte.
Appendi il cappotto al gancio vicino alla porta.

77. De nombreux poissons colorés vivent dans les profondeurs marines.
Molti pesci colorati vivono nelle profondità marine.

78. Le propriétaire du chat le nourrit et en prend soin.
Il proprietario del gatto lo nutre e se ne prende cura.

79. Les membres de la famille ont une relation spéciale.
I membri della famiglia hanno un rapporto speciale.

80. Je me suis lavé les mains avant de manger.
Mi sono lavato le mani prima di mangiare.

81. Nous avons été conseillés par le service juridique.
Abbiamo ricevuto consigli dall'ufficio legale.

82. Étalez du beurre sur vos toasts pour un délicieux petit-déjeuner.
Spalma il burro sul tuo toast per una deliziosa colazione.

83. Elle a dessiné une image colorée d'une fleur.
Ha disegnato un'immagine colorata di un fiore.

84. L'équipe a voté pour un nouveau chef de classe.
Il team ha votato per un nuovo leader di classe.

85. La table est en bois solide.
Il tavolo è realizzato in legno robusto.

86. La gauche encourage la diversité dans la société.
La sinistra incoraggia la diversità nella società.

87. Tenez-vous en ligne droite pour monter à bord du bus scolaire.
Mettiti in linea retta per salire sullo scuolabus.

88. Nous vivons sur la planète Terre, qui possède divers écosystèmes.
Viviamo sul pianeta Terra, che ha diversi ecosistemi.

89. Les biscuits fraîchement sortis du four avaient une odeur merveilleuse.
I biscotti appena sfornati avevano un profumo meraviglioso.

90. Choisissez la bonne taille de chaussures pour vos pieds.
Scegli la taglia giusta di scarpe per i tuoi piedi.

91. L'imprimante n'a plus d'encre.
La stampante ha esaurito l'inchiostro.

92. Ils aimaient dévaler la colline herbeuse.
Si divertivano a rotolare giù per la collina erbosa.

93. Je porte une montre pour connaître l'heure.
Indosso un orologio per sapere l'ora.

94. Veuillez effectuer le paiement à la caisse.

Si prega di effettuare il pagamento alla cassa.

95. Baissez le volume de la musique, s'il vous plaît.
Abbassa il volume della musica, per favore.

96. Elle ouvrit les rideaux pour laisser entrer la lumière du soleil.
Aprì le tende per far entrare la luce del sole.

97. La famille a assisté aux funérailles pour lui rendre hommage.
La famiglia ha partecipato al funerale per rendere omaggio.

98. Il porte une montre au poignet.
Indossa un orologio al polso.

99. Le chauffeur du bus conduit en toute sécurité les enfants à l'école.
L'autista dell'autobus accompagna in sicurezza i bambini a scuola.

100. L'oiseau battit des ailes et s'envola.
L'uccello sbatté le ali e volò via.

101. Nous avons vu une pleine lune dans le ciel nocturne.
Abbiamo visto una luna piena nel cielo notturno.

102. Pendant la tempête, nous avons entendu un fort tonnerre.
Durante la tempesta, abbiamo sentito un forte tuono.

103. Regardons une vidéo amusante sur Internet.
Guardiamo un video divertente su Internet.

104. C'est mon meilleur ami et nous jouons ensemble tous les jours.
È il mio migliore amico e giochiamo insieme tutti i giorni.

105. Utilisez votre bouche pour parler et manger.
Usa la bocca per parlare e per mangiare.

106. Les parents ont donné à leur enfant un baiser de bonne nuit.
I genitori hanno dato il bacio della buonanotte al figlio.

107. Trop de chaleur brûlera le fond.
Troppo calore brucerà il fondo.

108. Le tremblement de terre a provoqué une catastrophe dans la ville.
Il terremoto ha causato un disastro in città.

109. Elle a donné un exemple pour expliquer le concept.
Ha fatto un esempio per spiegare il concetto.

110. L'industrie automobile produit des voitures et des camions.
L'industria automobilistica produce automobili e camion.

111. Le venin du serpent est un poison mortel.
Il veleno del serpente è un veleno mortale.

112. Nous montons une tente pour aller camper dans la forêt.
Abbiamo montato una tenda per andare in campeggio nella foresta.

113. Il y a sept jours dans une semaine.
Ci sono sette giorni in una settimana.

114. Le sympathique caissier a accueilli chaque client avec le sourire.
Il simpatico cassiere ha salutato ogni cliente con un sorriso.

115. Un triangle a trois côtés et trois angles.
Un triangolo ha tre lati e tre angoli.

116. Nous célébrons le Nouvel An le dernier jour de l'année.
Festeggiamo il capodanno l'ultimo giorno dell'anno.

117. Aux États-Unis, la monnaie est le dollar américain.

Negli Stati Uniti la valuta è il dollaro statunitense.

118. Le brouillard rendait difficile de voir clairement la route.
La nebbia rendeva difficile vedere chiaramente la strada.

119. J'aime avoir du fromage en plus sur ma pizza.
Mi piace avere del formaggio in più sulla mia pizza.

120. Veuillez fermer la porte lorsque vous quittez la chambre.
Si prega di chiudere la porta quando si esce dalla stanza.

121. Son jeune frère aime jouer avec des petites voitures.
A suo fratello minore piace giocare con le macchinine.

122. Nous avons vu un long serpent vert dans le jardin.
Abbiamo visto un lungo serpente verde in giardino.

123. Notre professeur nous enseigne les mathématiques et les sciences.
Il nostro insegnante ci insegna matematica e scienze.

124. Elle a saupoudré un peu de poudre sur les fesses du bébé.
Ha cosparso un po' di polvere sul sedere del bambino.

125. Les soldats se sont battus avec bravoure pendant la guerre.
I soldati hanno combattuto coraggiosamente durante la guerra.

126. L'écrivain a écrit une histoire fascinante.
Lo scrittore ha scritto una storia affascinante.

127. Ne parlez pas aux étrangers que vous rencontrez dans la rue.
Non parlare con gli estranei che incontri per strada.

128. Capturez le beau moment avec une photo.
Cattura il bel momento con una fotografia.

129. Mon passe-temps est de dessiner des images d'animaux.
Il mio hobby è disegnare immagini di animali.

130. Ils se sont disputés amicalement au sujet de leurs sports préférés.
Hanno avuto una discussione amichevole sui loro sport preferiti.

131. Si vous avez besoin d'aide, demandez à l'enseignant de résoudre le problème.
Se hai bisogno di aiuto, chiedi all'insegnante di risolvere il problema.

132. Elle a rempli une demande d'emploi.
Ha compilato una domanda per il lavoro.

133. Utilisez une carte pour trouver votre chemin vers le parc.
Usa una mappa per trovare la strada per il parco.

134. Comprendre le contexte nous aide à comprendre l'histoire.
Capire il contesto ci aiuta a comprendere la storia.

135. Il s'est accidentellement cogné le coude sur la table.
Ha sbattuto accidentalmente il gomito sul tavolo.

136. Un volcan peut entrer en éruption et libérer de la lave et des cendres.
Un vulcano può eruttare e rilasciare lava e cenere.

137. Ma mère cuisinait de la soupe dans une grande marmite.
Mia madre ha cucinato la zuppa in una pentola capiente.

138. Nous avons formé un groupe d'étude pour préparer le test.
Abbiamo formato un gruppo di studio per prepararci al test.

139. Le temps est ensoleillé et chaud aujourd'hui.
Il tempo è soleggiato e caldo oggi.

140. Je prends un bain à l'eau tiède avant de me coucher.
Faccio un bagno con acqua calda prima di andare a letto.

141. J'adore manger des pancakes au sirop d'érable au petit-déjeuner.
Adoro mangiare i pancake con lo sciroppo d'acero a colazione.

142. Les abeilles fabriquent du miel sucré dans leurs ruches.
Le api fanno il dolce miele nei loro alveari.

143. Nous devrions prendre des mesures pour réduire la pollution de l'air.
Dovremmo adottare misure per ridurre l'inquinamento atmosferico.

144. Le menuisier a construit une belle table en bois.
Il falegname ha costruito un bellissimo tavolo di legno.

145. Le chat pelucheux adore jouer avec une pelote de laine.
Il soffice gatto ama giocare con un gomitolo di lana.

146. La chimie est l'étude de la matière et de ses transformations.
La chimica è lo studio della materia e dei suoi cambiamenti.

147. Ma mère utilise du chou pour faire une délicieuse salade.
Mia madre usa il cavolo per fare una deliziosa insalata.

148. Le canard nageait gracieusement dans l'étang.
L'anatra nuotava con grazia nello stagno.

149. Pendant le tremblement de terre, le sol a tremblé.
Durante il terremoto, la terra ha tremato.

150. Nous avons fêté son anniversaire avec un gâteau et des cadeaux.
Abbiamo festeggiato il suo compleanno con torta e regali.

151. J'ai bu mon verre à travers une paille colorée.
Sorseggiai il mio drink con una cannuccia colorata.

152. Le grand bâtiment a de nombreux étages et fenêtres.
L'edificio alto ha molti piani e finestre.

153. L'éolienne produit de l'électricité.
La turbina eolica genera elettricità.

154. Soufflez les bougies et faites un vœu d'anniversaire.
Spegni le candeline ed esprimi un desiderio di compleanno.

155. Elle a bu de l'eau dans un verre clair.
Ha bevuto acqua da un bicchiere trasparente.

156. Félicitations au vainqueur de la course.
Congratulazioni al vincitore della gara.

157. Mangez lentement pour éviter de gonfler votre estomac.
Mangia lentamente per evitare di sconvolgere lo stomaco.

158. Je me suis blotti sous les couvertures chaudes de mon lit.
Mi rannicchiai sotto le calde coperte del mio letto.

159. Elle porte un collier autour du cou.
Indossa una collana intorno al collo.

160. Nous avons attendu le train à la gare animée.
Abbiamo aspettato il treno alla stazione trafficata.

161. Avec un travail acharné, vous pouvez réussir.
Con il duro lavoro, puoi raggiungere il successo.

162. Utilisez une fourchette pour manger des spaghettis.
Usa una forchetta per mangiare gli spaghetti.

163. Il posa son menton sur ses mains tout en réfléchissant.
Posò il mento sulle mani mentre pensava.

164. J'ai utilisé une calculatrice pour résoudre le problème mathématique.
Ho usato una calcolatrice per risolvere il problema di matematica.

165. Lire des livres aide à acquérir des connaissances sur le monde.
Leggere libri aiuta a conoscere il mondo.

166. Nous avons regardé un film amusant au cinéma.
Abbiamo visto un film divertente al cinema.

167. Il gardait ses clés dans la poche de son jean.
Teneva le chiavi nella tasca dei jeans.

168. Il a toujours la tête dans les nuages.
Ha sempre la testa tra le nuvole.

169. Votre odorat vous aide à détecter les odeurs agréables.
Il tuo senso dell'olfatto ti aiuta a rilevare profumi piacevoli.

170. Les bateaux ont accosté en toute sécurité dans le port calme.
Le barche attraccarono al sicuro nel porto calmo.

171. Suivons la recette pour faire des cookies aux pépites de chocolat.
Seguiamo la ricetta per fare i biscotti con gocce di cioccolato.

172. Le dictionnaire donne la définition des mots inconnus.
Il dizionario fornisce la definizione di parole sconosciute.

173. Une personne bienveillante a aidé l'enfant perdu à retrouver le chemin du retour.

Una persona gentile ha aiutato il bambino smarrito a ritrovare la strada di casa.

174. Le lac est un endroit idéal pour aller pêcher et faire du bateau.
Il lago è un ottimo posto per andare a pescare e andare in barca.

175. Portez toujours un casque pour votre sécurité lorsque vous faites du vélo.
Indossa sempre un casco per la tua sicurezza mentre vai in bicicletta.

176. Ma tante m'a offert un cadeau spécial pour mon anniversaire.
Mia zia mi ha fatto un regalo speciale per il mio compleanno.

177. Le professeur a expliqué le sens du mot difficile.
L'insegnante ha spiegato il significato della parola difficile.

178. Elle s'est assise au premier rang pour obtenir une meilleure position dans la classe.
Si è seduta in prima fila per ottenere una posizione migliore in classe.

179. Mon chien joueur aime courir après une balle.
Il mio cane giocherellone si diverte a rincorrere una palla.

180. Nous avons déplacé les meubles pour nettoyer la chambre.
Abbiamo spostato i mobili per pulire la stanza.

181. Je porte un manteau chaud en hiver pour rester confortable.
Indosso un cappotto caldo in inverno per stare comodo.

182. Elle dansait gracieusement sur le parquet.
Ha ballato con grazia sul pavimento di legno.

183. Le magasin a réduit le prix des jouets pour la vente.
Il negozio ha ridotto il prezzo dei giocattoli per la vendita.

184. Il a écrit un article intéressant pour le journal de l'école.
Ha scritto un interessante articolo per il giornale della scuola.

185. Le magasin vend divers produits de beauté.
Il negozio vende vari prodotti di bellezza.

186. Nous avons regardé un dessin animé amusant à la télévision.
Abbiamo guardato un divertente cartone animato in televisione.

187. Le téléphone est une invention importante d'Alexander Graham Bell.
Il telefono è un'invenzione significativa di Alexander Graham Bell.

188. Regardez le ciel nocturne et vous pouvez voir les étoiles brillantes.
Guarda il cielo notturno e puoi vedere le stelle luminose.

189. La reine a salué la foule lors du défilé royal.
La regina ha salutato la folla durante la parata reale.

190. J'ai laissé tomber la lettre dans la boîte aux lettres pour l'envoyer.
Ho lasciato cadere la lettera nella cassetta delle lettere per spedirla.

191. Son sourire égayait la journée de tout le monde.
Il suo sorriso ha illuminato la giornata di tutti.

192. Je mets la vaisselle sale dans le lave-vaisselle.
Ho messo i piatti sporchi nella lavastoviglie.

193. Pour qu'il puisse ensuite être partagé avec sa grand-mère.
In modo che possa poi essere condiviso con sua nonna.

194. Le diamant de sa bague scintillait au soleil.
Il diamante sul suo anello scintillava alla luce del sole.

195. Il portait fièrement un insigne sur son uniforme.
Indossava con orgoglio un distintivo sulla sua uniforme.

196. Le pont est en métal solide.
Il ponte è realizzato in metallo resistente.

197. Elle arrose la plante pour l'aider à pousser.
Innaffia la pianta per aiutarla a crescere.

198. Le vélo a deux roues pour rouler.
La bicicletta ha due ruote per la guida.

199. Ils ont discuté du projet lors de l'importante réunion.
Hanno discusso del progetto durante l'importante incontro.

200. Ma mère a utilisé une aiguille pour coudre un bouton sur ma chemise.
Mia madre ha usato un ago per cucire un bottone sulla mia camicia.

201. Le cadeau était enveloppé dans un nœud coloré.
Il regalo era avvolto in un fiocco colorato.

202. Nous allons à l'église tous les dimanches pour la prière.
Andiamo in chiesa ogni domenica per pregare.

203. L'enseignant a partagé un fait intéressant sur l'espace.
L'insegnante ha condiviso un fatto interessante sullo spazio.

204. Il a eu un petit accident en faisant du vélo.
Ha avuto un piccolo incidente mentre era in sella alla sua bicicletta.

205. Apprendre une nouvelle langue peut être difficile mais enrichissant.
Imparare una nuova lingua può essere impegnativo ma gratificante.

206. Elle a beaucoup de bons souvenirs de son enfance.
Ha molti bei ricordi della sua infanzia.

207. Un écureuil mignon a grimpé sur l'arbre pour ramasser des noix.
Un simpatico scoiattolo si è arrampicato sull'albero per raccogliere noci.

208. J'adore le goût des fraises et de la crème.
Adoro il gusto delle fragole e della panna.

209. Il portait ses livres dans un sac solide.
Portava i suoi libri in un robusto sacco.

210. Elle a eu une idée brillante pour le projet scientifique.
Ha avuto un'idea brillante per il progetto scientifico.

211. Elle a cassé l'œuf pour en faire une omelette.
Aprì l'uovo per fare una frittata.

212. Son travail a remporté le premier prix du concours d'écriture.
La sua voce ha vinto il primo premio al concorso di scrittura.

213. Les enfants ont construit un bonhomme de neige pendant les chutes de neige d'hiver.
I bambini hanno costruito un pupazzo di neve durante le nevicate invernali.

214. Mon père travaille pour une célèbre société de logiciels.
Mio padre lavora per una famosa società di software.

215. Le détective a donné une description détaillée du suspect.
Il detective ha fornito una descrizione dettagliata del sospetto.

216. Nous étudions chaque jour des matières différentes à l'école.
Ogni giorno studiamo materie diverse a scuola.

217. La machine à laver nettoie nos vêtements.
La lavatrice pulisce i nostri vestiti.

218. Les acteurs ont donné une performance fantastique dans la pièce.
Gli attori hanno dato una performance fantastica nella commedia.

219. Elle utilise son téléphone portable pour appeler ses amis.
Usa il suo cellulare per chiamare i suoi amici.

220. Je me sens à l'aise et en sécurité dans ma maison confortable.
Mi sento a mio agio e al sicuro nella mia casa accogliente.

221. L'entreprise a réalisé un bénéfice significatif cette année.
L'azienda ha realizzato un profitto significativo quest'anno.

222. Notre école dispose d'un système de notation efficace.
La nostra scuola ha un efficiente sistema di valutazione.

223. Manger des fruits et des légumes est essentiel pour une bonne santé.
Mangiare frutta e verdura è essenziale per una buona salute.

224. Il ne pouvait pas aller à la fête pour une raison valable.
Non poteva andare alla festa per un motivo valido.

225. Nous avons eu une conversation amicale autour d'un café.
Abbiamo avuto una conversazione amichevole davanti a un caffè.

226. Le parc dispose d'une grande aire de jeux pour les enfants.
Il parco dispone di un'ampia area giochi per bambini.

227. J'écris avec un stylo bleu dans mon carnet.
Scrivo con una penna blu sul mio taccuino.

228. En tant que frère aîné, il a plus de responsabilités.
Essendo il fratello maggiore, ha maggiori responsabilità.

229. Elle a préparé un délicieux gâteau au chocolat pour la célébration.
Ha preparato una deliziosa torta al cioccolato per la celebrazione.

230. Les marathoniens ont parcouru une longue distance.
I maratoneti hanno percorso una lunga distanza.

231. Le raccourci est un moyen plus rapide d'atteindre le parc.
La scorciatoia è un modo più veloce per raggiungere il parco.

232. Nous avons séjourné dans un hôtel luxueux pendant nos vacances.
Abbiamo soggiornato in un hotel di lusso durante la nostra vacanza.

233. Il a reçu un jouet comme cadeau d'anniversaire.
Ha ricevuto un giocattolo come regalo di compleanno.

234. La bombe a explosé avec un grand bruit.
La bomba è esplosa con un forte rumore.

235. Elle a suivi une méthode simple pour résoudre le puzzle.
Ha seguito un metodo semplice per risolvere il puzzle.

236. L'enfant a joué joyeusement dans la cour de récréation.
Il bambino ha giocato felicemente nel parco giochi.

237. Nous avons réservé un vol direct pour la capitale.
Abbiamo prenotato un volo diretto per la capitale.

238. Le parc d'attractions a de nombreuses attractions passionnantes.
Il parco divertimenti ha molte attrazioni emozionanti.

239. Le magicien a exécuté une magie incroyable.
Il mago ha eseguito una magia incredibile.

240. Je lis les nouvelles dans le journal tous les matins.
Ogni mattina leggo le notizie sul giornale.

241. L'autoroute est occupée par des voitures et des camions.
L'autostrada è piena di auto e camion.

242. Elle avait un grand sourire sur son visage.
Aveva un grande sorriso stampato in faccia.

243. Le drôle de comédien a fait rire tout le monde avec son humour.
Il simpatico comico ha fatto ridere tutti con il suo umorismo.

244. L'infirmière a pris du sang pour le test.
L'infermiera ha prelevato del sangue per il test.

245. C'est un employé assidu de l'entreprise.
È un impiegato laborioso dell'azienda.

246. Un pourcentage élevé d'étudiants ont réussi l'examen.
Un'alta percentuale di studenti ha superato l'esame.

247. Elle transporte ses livres dans un sac à dos coloré.
Porta i suoi libri in uno zaino colorato.

248. Il aime lire des livres d'aventure.
Ama leggere libri di avventura.

249. Elle portait une belle robe à la fête.
Indossava un bellissimo vestito alla festa.

250. Le bébé gloussa et frappa dans ses mains.
Il bambino ridacchiò e batté le mani.

251. Nous aimons explorer la beauté de la nature.
Amiamo esplorare la bellezza della natura.

252. Sa fille est une artiste talentueuse.
Sua figlia è un'artista di talento.

253. Asseyez-vous du côté gauche de la classe.
Siediti sul lato sinistro dell'aula.

254. Elle enroula une écharpe chaude autour de son cou.
Si avvolse una calda sciarpa intorno al collo.

255. La forêt abrite de nombreuses créatures fascinantes.
La foresta ospita molte creature affascinanti.

256. Le montant qu'il a économisé n'était pas suffisant pour le voyage.
L'importo risparmiato non era sufficiente per il viaggio.

257. Les explorateurs ont découvert une grotte cachée dans les montagnes.
Gli esploratori hanno scoperto una grotta nascosta tra le montagne.

258. Il y a une grande différence entre les deux peintures.
C'è una grande differenza tra i due quadri.

259. Elle se cogna l'orteil contre la chaise.
Ha sbattuto l'alluce contro la sedia.

260. Le jardin regorge de fleurs colorées.
Il giardino è pieno di fiori colorati.

261. Elle a planté une petite graine dans le jardin.
Ha piantato un piccolo seme in giardino.

262. Il a fait un investissement judicieux en bourse.
Ha fatto un saggio investimento in borsa.

263. Le moteur de la voiture démarra avec un rugissement sourd.
Il motore dell'auto si è avviato con un forte ruggito.

264. Le chat remuait la queue quand il était content.
Il gatto scodinzolava quando era felice.

265. Le médecin a examiné son os cassé.
Il dottore ha esaminato il suo osso rotto.

266. N'ayez pas peur de l'échec car cela fait partie de l'apprentissage.
Non aver paura del fallimento perché fa parte dell'apprendimento.

267. J'ai mis de la glace dans ma boisson pour la rendre froide.
Ho messo del ghiaccio nel mio drink per raffreddarlo.

268. Elle portait un bijou étincelant à son doigt.
Indossava un gioiello scintillante al dito.

269. Le magnifique coucher de soleil a peint le ciel avec des couleurs vibrantes.
Il bellissimo tramonto ha dipinto il cielo con colori vivaci.

270. Il est un joueur de football qualifié dans l'équipe.
È un abile calciatore della squadra.

271. Nous nous sommes reposés à l'ombre fraîche d'un arbre.
Ci siamo riposati all'ombra fresca di un albero.

272. Elle a utilisé de l'huile d'olive pour cuisiner les délicieuses pâtes.
Ha usato l'olio d'oliva per cucinare la deliziosa pasta.

273. Ils vivent dans un appartement confortable au deuxième étage.
Vivono in un accogliente appartamento al secondo piano.

274. Avec des efforts et de la pratique, vous pouvez améliorer vos compétences.
Con lo sforzo e la pratica, puoi migliorare le tue abilità.

275. Il portait un chapeau élégant pour se protéger du soleil.
Indossava un cappello elegante per proteggersi dal sole.

276. La viande que ma mère a cuisinée pour le dîner était délicieuse.
La carne che mia madre cucinava per cena era deliziosa.

277. Les enfants ont joué sur l'herbe verte et douce du parc.
I bambini giocavano sul soffice prato verde del parco.

278. J'ai tourné la page pour continuer à lire l'histoire.
Ho voltato pagina per continuare a leggere la storia.

279. Il a installé un nouveau logiciel sur son ordinateur.
Ha installato un nuovo software sul suo computer.

280. Elle a eu une nouvelle coupe de cheveux au salon.
Ha ottenuto un nuovo taglio di capelli al salone.

281. Les panneaux solaires produisent de l'énergie propre à partir du soleil.
I pannelli solari producono energia pulita dal sole.

282. De nombreuses personnes se sont rassemblées pour regarder le défilé.
Molte persone si sono radunate per assistere alla sfilata.

283. Il s'est blessé à la jambe en jouant au football.

Si è infortunato alla gamba mentre giocava a calcio.

284. Le film a atteint une fin surprenante.
Il film ha raggiunto una fine sorprendente.

285. Il a utilisé un marteau pour fixer le clou desserré.
Ha usato un martello per riparare il chiodo allentato.

286. La température a chuté et il est devenu plus froid.
La temperatura è scesa ed è diventato più freddo.

287. Le menu du restaurant propose une variété de plats délicieux.
Il menu del ristorante offre una varietà di piatti deliziosi.

288. Il a trouvé un quartier brillant sur le trottoir.
Ha trovato una moneta luccicante sul marciapiede.

289. J'apprécie un bol chaud de soupe au poulet par une journée froide.
Mi piace una ciotola calda di zuppa di pollo in una giornata fredda.

290. Le ballon a cessé de monter à une hauteur de 100 mètres.
Il pallone ha smesso di salire a un'altezza di 100 metri.

291. Chacun a le droit d'exprimer son opinion.
Ognuno ha il diritto di esprimere la propria opinione.

292. Le son de la cloche de l'école signala la fin des cours.
Il suono della campanella della scuola segnava la fine della lezione.

293. Le soleil brille de mille feux dans le ciel pendant la journée.
Il sole splende luminoso nel cielo durante il giorno.

294. L'eau est un liquide clair et rafraîchissant.
L'acqua è un liquido limpido e rinfrescante.

295. La qualité du tissu est douce et lisse.
La qualità del tessuto è morbida e liscia.

296. Le chef a créé une délicieuse combinaison de saveurs.
Lo chef ha creato una deliziosa combinazione di sapori.

297. Le zoo abrite de nombreux animaux différents.
Lo zoo ospita molti animali diversi.

298. Elle a écrit un poème sincère pour sa meilleure amie.
Ha scritto una poesia sincera per la sua migliore amica.

299. Utilisez les ciseaux pour couper le papier.
Usa le forbici per tagliare la carta.

300. Un petit rat se précipita sur le sol.
Un piccolo topo correva sul pavimento.

301. Elle a ouvert un compte bancaire pour économiser son argent.
Ha aperto un conto in banca per risparmiare i suoi soldi.

302. Ma chambre est un endroit douillet et confortable.
La mia camera da letto è un luogo accogliente e confortevole.

303. Nous dressons la table du dîner avec des assiettes et des ustensiles.
Apparecchiamo la tavola con piatti e utensili.

304. Le géant se tient droit dans la forêt.
Il gigante si erge alto nella foresta.

305. Peux-tu me passer ce truc bleu sur l'étagère ?
Puoi passarmi quella cosa blu sullo scaffale?

306. Le chauffeur du bus a accueilli chaque passager avec un sourire.

L'autista dell'autobus ha salutato ogni passeggero con un sorriso.

307. Elle s'est entraînée dur et a remporté le concours.
Si è allenata duramente e ha vinto la competizione.

308. Mettez vos sous-vêtements propres dans le tiroir.
Metti la biancheria pulita nel cassetto.

309. Il a fini ses devoirs de maths avant le dîner.
Ha finito i compiti di matematica prima di cena.

310. Il portait un gilet chaud pour rester confortable par temps froid.
Indossava un giubbotto caldo per stare comodo quando faceva freddo.

311. Nous avons eu un délicieux dîner avec notre famille.
Abbiamo cenato deliziosamente con la nostra famiglia.

312. Les étoiles brillent de mille feux la nuit.
Le stelle brillano luminose di notte.

313. Elle se tenait au milieu du groupe.
Stava in mezzo al gruppo.

314. Il enfila ses gants pour garder ses mains au chaud.
Si infilò i guanti per tenersi le mani calde.

315. J'ai une collection de 1000 timbres.
Ho una collezione di 1000 francobolli.

316. Son humeur joyeuse égayait la pièce.
Il suo umore felice rallegrava la stanza.

317. Ils ont dansé au rythme de la musique.
Hanno ballato al ritmo della musica.

318. Ses beaux yeux bleus pétillaient d'excitation.
I suoi bellissimi occhi azzurri brillavano di eccitazione.

319. Il a utilisé des couleurs vives pour peindre le tableau.
Ha usato colori vivaci per dipingere l'immagine.

320. Le gestionnaire supervise les opérations quotidiennes.
Il manager sovrintende alle operazioni quotidiane.

321. Les progrès de la technologie ont changé nos vies.
Il progresso della tecnologia ha cambiato le nostre vite.

322. Nous avons vu des poissons colorés nager dans l'aquarium.
Abbiamo visto pesci colorati nuotare nell'acquario.

323. Elle a repéré une petite araignée rampant sur le mur.
Ha notato un minuscolo ragno che strisciava sul muro.

324. Je regarde mon émission préférée sur la chaîne 5.
Guardo il mio programma televisivo preferito sul canale 5.

325. Apprenez un nouveau mot du dictionnaire tous les jours.
Impara una nuova parola dal dizionario ogni giorno.

326. Ils ont signé un contrat pour la maison qu'ils ont achetée.
Hanno firmato un contratto per la casa che hanno comprato.

327. Ce diamant est de première classe.
Questo diamante è di prima classe.

328. Les gouttes de pluie sont tombées sur le toit pendant la tempête.
Le gocce di pioggia sono cadute sul tetto durante la tempesta.

329. Nous gardons les aliments frais dans le réfrigérateur.

Manteniamo il cibo fresco nel frigorifero.

330. Ma mère travaille dans un bureau très fréquenté du centre-ville.
Mia madre lavora in un ufficio affollato in centro.

331. Il a présenté sa petite amie à ses amis.
Ha presentato la sua ragazza ai suoi amici.

332. Les gens discutent de politique pendant les élections.
La gente discute di politica durante le elezioni.

333. Je ne trouve pas la clé de ma chambre.
Non riesco a trovare la chiave della mia stanza.

334. Il a payé son impôt sur le revenu au gouvernement.
Ha pagato la sua imposta sul reddito al governo.

335. Elle a utilisé une aiguille et du fil pour coudre un bouton.
Ha usato ago e filo per cucire un bottone.

336. Soufflez des bulles et regardez-les flotter dans l'air.
Soffia bolle e guardale fluttuare nell'aria.

337. Nous avons vu des lions et des tigres au zoo.
Abbiamo visto leoni e tigri allo zoo.

338. Nous avons fait un pique-nique dans le parc l'après-midi.
Nel pomeriggio abbiamo fatto un picnic nel parco.

339. Il y a une limite à combien d'argent je peux gagner par jour.
C'è un limite a quanti soldi posso guadagnare al giorno.

340. Elle portait un chandail douillet pour se tenir au chaud.
Indossava un comodo maglione per tenersi al caldo.

341. Les médecins travaillent pour trouver des remèdes à diverses maladies.
I medici lavorano per trovare cure per varie malattie.

342. Elle a étudié dur pour l'examen final.
Ha studiato molto per l'esame finale.

343. Les gens suivent différentes religions à travers le monde.
Le persone seguono diverse religioni in tutto il mondo.

344. Le magasin a une offre spéciale sur les chaussures.
Il negozio ha un'offerta speciale sulle scarpe.

345. Elle a tressé ses cheveux pour l'événement de l'école.
Si è intrecciata i capelli per l'evento scolastico.

346. J'aime manger des fruits frais au petit déjeuner.
Mi piace mangiare frutta fresca a colazione.

347. La police a résolu le crime et arrêté le voleur.
La polizia ha risolto il delitto e arrestato il ladro.

348. Nous avons utilisé une pompe pour gonfler les pneus du vélo.
Abbiamo usato una pompa per gonfiare le gomme della bicicletta.

349. Le tissu avait une texture douce et lisse.
Il tessuto aveva una consistenza morbida e liscia.

350. Nous sommes allés pêcher au bord de la rivière calme.
Siamo andati a pescare lungo il fiume calmo.

351. N'oubliez pas de vous brosser les dents avec une brosse à dents.
Non dimenticare di lavarti i denti con uno spazzolino da denti.

352. J'aime prendre une collation saine après l'école.

Mi piace fare uno spuntino sano dopo la scuola.

353. Le grand domaine a un beau jardin.
La grande tenuta ha un bellissimo giardino.

354. Le drapeau national représente notre pays.
La bandiera nazionale rappresenta il nostro paese.

355. Il a ouvert une noix pour manger la noix à l'intérieur.
Aprì una noce per mangiare la noce dentro.

356. Allons à l'épicerie pour acheter de la nourriture.
Andiamo al supermercato a comprare del cibo.

357. Les enfants ont joué dans la terre et ont fait des tartes à la boue.
I bambini giocavano per terra e facevano torte di fango.

358. Nous devons prendre soin de l'environnement pour protéger la nature.
Dobbiamo prenderci cura dell'ambiente per proteggere la natura.

359. Elle a exprimé clairement son opinion.
Ha fatto una chiara dichiarazione sulla sua opinione.

360. La vache broutait paisiblement dans le champ vert.
La mucca pascolava pacificamente nel campo verde.

361. Utilisez du savon pour vous laver les mains et les garder propres.
Usa il sapone per lavarti le mani e tenerle pulite.

362. Emportez un parapluie au cas où il pleuvrait.
Porta un ombrello in caso di pioggia.

363. Ils sont parvenus à un accord après avoir discuté de la question.
Hanno raggiunto un accordo dopo aver discusso la questione.

364. La maison a un beau jardin à l'avant.
La casa ha un bel giardino nella parte anteriore.

365. L'aiguille de la boussole pointe vers le nord.
L'ago della bussola punta verso nord.

366. Il joue dans l'équipe de basket de l'école.
A scuola gioca nella squadra di basket.

367. S'il vous plaît, passez-moi l'assiette avec la nourriture délicieuse.
Per favore, passami il piatto con il cibo delizioso.

368. Le collier du chien porte son nom et son numéro de téléphone.
Il collare del cane ha il suo nome e numero di telefono.

369. Le pont relie les deux côtés de la rivière.
Il ponte collega le due sponde del fiume.

370. La Terre est notre planète natale dans le système solaire.
La Terra è il nostro pianeta natale nel sistema solare.

371. La police a emmené le criminel en prison.
La polizia ha portato il criminale in carcere.

372. Elle a choisi ses vêtements préférés à porter.
Ha scelto i suoi vestiti preferiti da indossare.

373. J'ai bu de l'eau dans une tasse en verre.
Ho bevuto acqua da una tazza di vetro.

374. L'oiseau coloré a chanté une belle mélodie.

L'uccello colorato ha cantato una bellissima melodia.

375. Il a trouvé une solution intelligente au problème de mathématiques.
Ha trovato una soluzione intelligente al problema di matematica.

376. Ce fut une décision difficile à prendre.
È stata una decisione difficile da prendere.

377. L'équipe a développé une stratégie gagnante pour le match.
Il team ha sviluppato una strategia vincente per il gioco.

378. En été, on sent la chaleur du soleil.
In estate sentiamo il calore del sole.

379. Le vase antique a une grande valeur pour les collectionneurs.
Il vaso antico ha un grande valore per i collezionisti.

380. Elle a collectionné des timbres rares de différents pays.
Ha collezionato francobolli rari di diversi paesi.

381. La situation délicate a nécessité une réflexion approfondie pour être résolue.
La difficile situazione richiedeva un'attenta riflessione per essere risolta.

382. La communauté locale a organisé un événement de nettoyage.
La comunità locale ha organizzato un evento di pulizia.

383. Nous sommes arrivés à l'aéroport pour prendre notre vol.
Siamo arrivati all'aeroporto per prendere il nostro volo.

384. Nous avons attendu une heure pour voir le médecin.
Abbiamo aspettato un'ora per vedere il dottore.

385. Il lui a offert une belle bague en diamant pour leur anniversaire.
Le ha regalato un bellissimo anello di diamanti per il loro anniversario.

386. L'apprentissage de l'histoire nous aide à comprendre le passé.
Conoscere la storia ci aiuta a capire il passato.

387. Après le dîner, nous avons dégusté un délicieux dessert.
Dopo cena, abbiamo gustato un delizioso dessert.

388. J'ai reçu un doux message d'anniversaire de mon ami.
Ho ricevuto un dolce messaggio di compleanno dal mio amico.

389. Retrouvons-nous au parc parce que c'est un endroit agréable pour jouer.
Incontriamoci al parco perché è un bel posto per giocare.

390. J'utilise un ordinateur pour faire mes devoirs.
Uso un computer per fare i compiti.

391. J'ai pris une photo du magnifique coucher de soleil.
Ho scattato una foto del tramonto mozzafiato.

392. Nous avons navigué sur un petit bateau à travers le lac.
Abbiamo navigato su una piccola barca attraverso il lago.

393. N'oubliez pas de vous brosser les dents avec du dentifrice.
Non dimenticare di lavarti i denti con il dentifricio.

394. Nous avons acheté des billets pour voir le film au cinéma.
Abbiamo comprato i biglietti per vedere il film al cinema.

395. Il aime jouer aux échecs avec ses amis.
Gli piace giocare a scacchi con i suoi amici.

396. Elle a mangé un raisin juteux de la grappe.
Ha mangiato un'uva succosa dal grappolo.

397. Nous avons pris l'ascenseur jusqu'au dernier étage.
Abbiamo preso l'ascensore fino all'ultimo piano.

398. L'homme d'affaires prospère a amassé une grande richesse.
L'uomo d'affari di successo ha accumulato una grande ricchezza.

399. Je garde mes livres et mes fournitures sur mon bureau d'école.
Tengo i miei libri e le mie provviste sul banco di scuola.

400. Elle a monté un cheval différent au ranch aujourd'hui.
Oggi ha cavalcato un altro cavallo al ranch.

401. Son mari l'a surprise avec un cadeau attentionné.
Suo marito l'ha sorpresa con un regalo premuroso.

402. Ils ont exploré le vaste territoire lors de leur road trip.
Hanno esplorato la vasta terra durante il loro viaggio.

403. Pour le dîner, nous avons eu du poulet rôti avec des légumes.
Per cena abbiamo mangiato pollo arrosto con verdure.

404. Le début de l'histoire était captivant.
L'inizio della storia è stato avvincente.

405. Elle a trouvé ses boucles d'oreilles préférées dans le tiroir du haut.
Ha trovato i suoi orecchini preferiti nel primo cassetto.

406. Je verse du lait sur mes céréales pour le petit déjeuner.
A colazione verso il latte sui cereali.

407. Nous sommes montés au sommet du rocher géant.
Siamo saliti in cima alla roccia gigante.

408. Ne manquez pas l'occasion d'essayer quelque chose de nouveau.
Non perdere l'occasione di provare qualcosa di nuovo.

409. Une foule nombreuse s'est rassemblée pour assister au défilé.
Una grande folla si è radunata per assistere alla parata.

410. Son cœur bat vite quand elle est excitée.
Il suo cuore batte forte quando è eccitata.

411. Mon oncle vient nous rendre visite la semaine prochaine.
Mio zio verrà a trovarci la prossima settimana.

412. Dessinez un cercle parfait sur le papier.
Disegna un cerchio perfetto sulla carta.

413. Ils entreposaient des conserves dans la cave fraîche.
Conservavano il cibo in scatola nella fresca cantina.

414. Le professeur nous a demandé d'écrire sur notre sujet préféré.
L'insegnante ci ha chiesto di scrivere sul nostro argomento preferito.

415. Elle a reçu un beau cadeau pour son anniversaire.
Ha ricevuto un bellissimo regalo per il suo compleanno.

416. La sécurité est notre priorité absolue dans ce projet.
La sicurezza è la nostra massima priorità in questo progetto.

417. Il désigna la direction du parc.
Indicò in direzione del parco.

418. Il a utilisé un sifflet fort pour appeler le chien.
Ha usato un forte fischio per chiamare il cane.

419. Sa femme a préparé un délicieux dîner pour la famille.
Sua moglie ha preparato una deliziosa cena per la famiglia.

420. Étudier dur mènera à un bon résultat au test.
Studiare sodo porterà a un buon risultato nel test.

421. Il a rendu visite à son ami à l'hôpital.
È andato a trovare il suo amico in ospedale.

422. Ils vivent dans une petite ville près des montagnes.
Vivono in una piccola città vicino alle montagne.

423. Une petite mouche bourdonnait dans la pièce.
Una minuscola mosca ronzava per la stanza.

424. Nous avons accueilli le visiteur avec des sourires chaleureux.
Abbiamo accolto il visitatore con calorosi sorrisi.

425. En réalité, les rêves peuvent devenir réalité avec un travail acharné.
In realtà, i sogni possono diventare realtà con un duro lavoro.

426. Il y a beaucoup de beaux endroits à visiter dans le monde.
Ci sono molti bei posti da visitare nel mondo.

427. Elle a essuyé la poussière de la bibliothèque.
Spazzò via la polvere dalla libreria.

428. Il est un utilisateur des médias sociaux.
È un utente dei social media.

429. Soyez prudent lorsque vous utilisez un couteau bien aiguisé dans la cuisine.
Fai attenzione quando usi un coltello affilato in cucina.

430. Économisez de l'argent pour acheter le jouet que vous voulez.

Risparmia denaro per acquistare il giocattolo che desideri.

431. J'ajoute toujours du bœuf et des pommes de terre à mon ragoût.
Aggiungo sempre manzo e patate al mio stufato.

432. Les policiers portent une arme pour leur sécurité.
Gli agenti di polizia portano una pistola per la loro sicurezza.

433. La petite souris se précipita sur le sol.
Il topolino correva sul pavimento.

434. Ils ont invité de nombreux invités à la fête.
Hanno invitato molti ospiti alla festa.

435. Remettez les livres sur l'étagère.
Rimetti i libri sullo scaffale.

436. Les enfants jouent à des jeux sur l'aire de jeux.
I bambini giocano nel parco giochi.

437. Sa voix était douce et apaisante.
La sua voce era dolce e rassicurante.

438. Les biscuits cuits dans le four chaud.
I biscotti cotti nel forno caldo.

439. Elle portait ses livres dans un sac coloré.
Portava i suoi libri in una borsa colorata.

440. Marquez les dates importantes sur le calendrier.
Segna le date importanti sul calendario.

441. La petite fille a joué avec sa poupée dans le parc.
La bambina giocava con la sua bambola nel parco.

442. Il a pris une photo du magnifique coucher de soleil avec son appareil photo.
Ha scattato una foto del bellissimo tramonto con la sua macchina fotografica.

443. La fermeture éclair de ma veste est cassée.
La cerniera della mia giacca è rotta.

444. Le public a applaudi bruyamment après le spectacle.
Il pubblico ha applaudito rumorosamente dopo lo spettacolo.

445. L'école a organisé un événement amusant pour les élèves.
La scuola ha organizzato un evento divertente per gli studenti.

446. Le gouvernement travaille à prendre des décisions importantes pour le pays.
Il governo lavora per prendere decisioni importanti per il Paese.

447. Ils ont célébré leur mariage avec une grande fête.
Hanno celebrato il loro matrimonio con una grande festa.

448. La propriété est dans la famille depuis des générations.
La proprietà è di proprietà della famiglia da generazioni.

449. L'assurance automobile aide à couvrir le coût des accidents.
L'assicurazione auto aiuta a coprire il costo degli incidenti.

450. Il a grimpé à l'échelle pour fixer la lumière.
Salì la scala per riparare la luce.

451. Le respect de la loi est essentiel pour une société pacifique.
Il rispetto della legge è essenziale per una società pacifica.

452. Nous avons pris une route panoramique vers les montagnes.
Abbiamo preso una strada panoramica verso le montagne.

453. Nous portons des vêtements chauds en hiver pour rester au chaud.
Indossiamo vestiti caldi in inverno per stare comodi.

454. Elle a soulevé le poids lourd avec effort.
Sollevò il pesante peso con uno sforzo.

455. Il a accidentellement laissé tomber la tasse, provoquant une petite fissure.
Ha accidentalmente lasciato cadere la tazza, provocando una piccola crepa.

456. Nous avons regardé un spectacle divertissant au théâtre.
Abbiamo assistito a uno spettacolo divertente a teatro.

457. Fumer une cigarette est nocif pour la santé.
Fumare una sigaretta è dannoso per la salute.

458. Ils marchaient sur le trottoir au bord de la route.
Camminarono sul marciapiede a lato della strada.

459. Sa chaussure gauche a un trou.
La sua scarpa sinistra ha un buco.

460. Elle a emprunté un livre à la bibliothèque.
Ha preso in prestito un libro dalla biblioteca.

461. Ils ont raconté des histoires effrayantes sur un fantôme dans la vieille maison.
Hanno raccontato storie spaventose su un fantasma nella vecchia casa.

462. Il s'est blessé au dos après avoir soulevé de lourdes boîtes.
Si è fatto male alla schiena dopo aver sollevato scatole pesanti.

463. Un petit-déjeuner composé de bacon et d'œufs.

Una colazione a base di pancetta e uova.

464. Le président est le chef du pays.
Il presidente è il leader del paese.

465. Ils ont utilisé un équipement spécialisé pour l'expérience.
Hanno usato attrezzature specializzate per l'esperimento.

466. Le roi régnait sur le royaume avec sagesse.
Il re governava il regno con saggezza.

467. Elle aime apprendre sur l'espace et la science.
Ama conoscere lo spazio e la scienza.

468. Le vent violent a soufflé les feuilles des arbres.
Il forte vento ha spazzato via le foglie dagli alberi.

469. Nous allons à la plage en été pour les vacances.
Andiamo in spiaggia in estate per le vacanze.

470. Votre langue vous aide à goûter différentes saveurs.
La tua lingua ti aiuta a gustare sapori diversi.

471. Elle est restée debout jusqu'à minuit pour fêter le nouvel an.
È rimasta sveglia fino a mezzanotte per festeggiare il nuovo anno.

472. Le gardien assure la sécurité de l'immeuble.
La guardia garantisce la sicurezza dell'edificio.

473. Chaque personne a droit à la liberté et au bonheur.
Ogni persona ha diritto alla libertà e alla felicità.

474. Il a dégagé le drain bouché de l'évier de la cuisine.
Ha ripulito lo scarico intasato nel lavello della cucina.

475. Le supermarché propose une variété de fruits et légumes.

Il supermercato offre una varietà di frutta e verdura.

476. Les fleurs dégagent un doux parfum dans le jardin.
I fiori emanano un dolce profumo nel giardino.

477. Les chambres sont situées à l'étage de la maison.
Le camere da letto si trovano al piano superiore della casa.

478. J'aime le goût des cerises rouges juteuses.
Adoro il gusto delle succose ciliegie rosse.

479. Ils ont visité un beau pays pendant leurs vacances.
Hanno visitato un bellissimo paese durante le loro vacanze.

480. L'étudiante assidue a reçu un prix pour son travail acharné.
La studentessa diligente ha ricevuto un premio per il suo duro lavoro.

481. Elle aime lire des magazines de mode.
Le piace leggere riviste di moda.

482. Les enfants adorent jouer sur la balançoire dans le parc.
I bambini adorano giocare sull'altalena nel parco.

483. L'éducation est essentielle pour un avenir radieux.
L'istruzione è essenziale per un futuro luminoso.

484. Le chant des oiseaux crée un son agréable le matin.
Il cinguettio degli uccelli crea un piacevole suono al mattino.

485. Le feu du camping nous a tenu chaud.
Il fuoco del campeggio ci ha tenuti al caldo.

486. Les braves soldats protègent le pays dans l'armée.
I coraggiosi soldati proteggono il paese nell'esercito.

487. Les enfants ont participé à une activité de plein air amusante.
I bambini hanno partecipato a una divertente attività all'aperto.

488. Elle a créé un beau design pour la carte de voeux.
Ha creato un bellissimo design per il biglietto di auguri.

489. Ils cultivent et élèvent des animaux sur la ferme familiale.
Coltivano e allevano animali nella fattoria di famiglia.

490. La ville animée est pleine de grands immeubles et de rues animées.
La vivace città è piena di edifici alti e strade trafficate.

491. Je préfère le jus d'orange avec mon petit-déjeuner.
Preferisco il succo d'arancia con la mia colazione.

492. Les enfants sont fascinés par l'histoire des dinosaures.
I bambini sono affascinati dalla storia dei dinosauri.

493. Vous pouvez trouver des informations utiles dans des livres et en ligne.
Puoi trovare informazioni utili nei libri e online.

494. Ils ont arrosé les plantes à l'aide d'un tuyau d'arrosage.
Hanno annaffiato le piante usando un tubo da giardino.

495. Les enfants ont construit un château de sable sur la plage.
I bambini hanno costruito un castello di sabbia sulla spiaggia.

496. L'escargot qui se déplaçait lentement rampait sur la feuille.
La lumaca che si muoveva lentamente strisciava sulla foglia.

497. Je suis accro au chocolat.
Sono dipendente dal cioccolato.

498. Ils célèbrent une tradition spéciale pendant les vacances.

Celebrano una tradizione speciale durante le vacanze.

499. Elle chante sa chanson préférée avec enthousiasme.
Canta con entusiasmo la sua canzone preferita.

500. Conservez le reçu comme preuve d'achat.
Conservare la ricevuta come prova d'acquisto.

501. Je ne déteste personne; Je crois à la gentillesse.
non odio nessuno; Credo nella gentilezza.

502. Elle a confié ses secrets à sa meilleure amie.
Ha affidato alla sua migliore amica i suoi segreti.

503. Il peut gérer son temps efficacement pour terminer les tâches.
Può gestire il suo tempo in modo efficace per completare le attività.

504. Il gémit bruyamment en apprenant la mauvaise nouvelle.
Gemette forte quando sentì la cattiva notizia.

505. Les plantes ont besoin de soleil et d'eau pour pousser.
Le piante hanno bisogno di luce solare e acqua per crescere.

506. Les deux amis aiment se battre de manière ludique dans la cour.
Ai due amici piace lottare giocosamente in cortile.

507. Elle avait prévu de surprendre sa mère avec un cadeau fait maison.
Aveva in programma di sorprendere sua madre con un regalo fatto in casa.

508. Le bourdonnement peut irriter certaines personnes.
Il ronzio può irritare alcune persone.

509. Fumer est nocif pour la santé.

Il fumo è dannoso per la salute.

510. Il attrapa rapidement son sac et se précipita vers la porte.
Afferrò rapidamente la sua borsa e si precipitò fuori dalla porta.

511. Veuillez éteindre les lumières avant de quitter la pièce.
Si prega di spegnere le luci prima di lasciare la stanza.

512. Il s'est excusé pour son erreur et a promis de faire mieux.
Si è scusato per il suo errore e ha promesso di fare di meglio.

513. Ils resteront à la maison de la plage pour le week-end.
Rimarranno nella casa al mare per il fine settimana.

514. Nous dînons tous les soirs en famille.
Ceniamo insieme come una famiglia ogni sera.

515. Elle aime se faire plaisir avec de la glace lors des journées chaudes.
Le piace concedersi un gelato nelle giornate calde.

516. Les enfants adorent chanter leurs chansons préférées.
I bambini adorano cantare le loro canzoni preferite.

517. Pouvez-vous expliquer comment fonctionne le tour de magie ?
Puoi spiegare come funziona il trucco magico?

518. Le forfait comprendra un cadeau spécial.
Il pacchetto includerà un regalo speciale.

519. Nous ne devons jamais faire de mal aux animaux ou aux autres.
Non dovremmo mai fare del male agli animali o ad altri.

520. Il est essentiel de boire suffisamment d'eau chaque jour.
È essenziale bere abbastanza acqua ogni giorno.

521. Veuillez répéter la phrase après moi pour vous entraîner.
Per favore, ripeti la frase dopo di me per esercitarti.

522. Nous devons protéger et respecter toutes les créatures vivantes et ne pas les tuer.
Dovremmo proteggere e rispettare tutte le creature viventi e non ucciderle.

523. Il a accidentellement écrasé l'insecte avec sa chaussure.
Ha accidentalmente schiacciato l'insetto con la sua scarpa.

524. Nous ne devrions pas juger les autres en fonction de leur apparence.
Non dovremmo giudicare gli altri in base all'apparenza.

525. Ils emménageront dans une nouvelle maison le mois prochain.
Il mese prossimo si trasferiranno in una nuova casa.

526. C'est poli de mâcher la bouche fermée.
È educato masticare con la bocca chiusa.

527. Le ballon va exploser si vous le soufflez trop.
Il palloncino esploderà se lo soffi troppo.

528. Le détective a résolu le meurtre et a attrapé le meurtrier.
Il detective ha risolto l'omicidio e ha catturato l'assassino.

529. Utilisez la clé pour déverrouiller la porte.
Usa la chiave per aprire la porta.

530. Nous ne pouvons pas nous permettre d'acheter une nouvelle voiture en ce moment.
Non possiamo permetterci di comprare una macchina nuova in questo momento.

531. Essayez ce gâteau et goûtez à quel point il est délicieux.
Prova questa torta e assapora quanto è deliziosa.

532. Mon grand-père prendra sa retraite l'année prochaine.
Mio nonno andrà in pensione dal lavoro l'anno prossimo.

533. Faites attention de ne pas vous coincer le doigt dans la porte.
Fai attenzione a non pizzicarti le dita nella porta.

534. Parfois, les frères et sœurs se disputent à propos des jouets.
A volte i fratelli litigano per i giocattoli.

535. Il utilisa son doigt pour pointer l'homme.
Ha usato il dito per indicare l'uomo.

536. Regardons un film ensemble ce soir.
Guardiamo insieme un film questa sera.

537. Clignez des yeux pour les garder humides.
Sbatti gli occhi per mantenerli umidi.

538. Elle encouragera son amie avant le spectacle.
Incoraggerà la sua amica prima dello spettacolo.

539. Je remarque les belles fleurs du jardin.
Noto i bellissimi fiori nel giardino.

540. Il a frappé le tambour avec une baguette.
Ha battuto il tamburo con una bacchetta.

541. Il a accidentellement foiré son dessin mais l'a réparé.
Ha accidentalmente incasinato il suo disegno ma l'ha aggiustato.

542. Veuillez retirer vos chaussures avant d'entrer dans la maison.
Si prega di togliersi le scarpe prima di entrare in casa.

543. Ils inviteront leurs amis à la fête.
Inviteranno i loro amici alla festa.

544. Pouvez-vous m'aider à ouvrir ce pot de cornichons?
Puoi aiutarmi ad aprire questo barattolo di sottaceti?

545. La tempête peut détruire des bâtiments et des arbres.
La tempesta può distruggere edifici e alberi.

546. Il est difficile de décider quelle saveur de crème glacée choisir.
È difficile decidere quale gusto di gelato scegliere.

547. Elle lèvera la main pour répondre à la question.
Alzerà la mano per rispondere alla domanda.

548. Il peut frapper le ballon avec beaucoup de force.
Può calciare la palla con grande forza.

549. L'oiseau relâcha sa prise et s'envola.
L'uccello lasciò la presa e volò via.

550. Il peut porter de lourdes boîtes avec ses bras puissants.
Può trasportare scatole pesanti con le sue forti braccia.

551. Je posterai une lettre à mon correspondant.
Invierò una lettera al mio amico di penna.

552. Le médecin examine votre gorge pour rechercher une infection.
Il medico esamina la gola per verificare la presenza di infezione.

553. L'enseignant approuvera le projet s'il répond aux critères.
L'insegnante approverà il progetto se soddisfa i criteri.

554. Frottez-vous les mains pour les réchauffer.
Strofina le mani per scaldarle.

555. C'est mal de mentir; Dis toujours la vérité.
È sbagliato mentire; Dire sempre la verità.

556. Elle vous dira au revoir au départ du train.
Saluterà quando il treno parte.

557. Laisser de la nourriture trop longtemps peut la gâcher.
Lasciare il cibo troppo a lungo può rovinarlo.

558. Nous ne devrions jamais gifler qui que ce soit ; ce n'est pas gentil.
Non dovremmo mai schiaffeggiare nessuno; non è gentile.

559. Pour rester en sécurité, évitez de traverser la route sans regarder.
Per stare al sicuro, evita di attraversare la strada senza guardare.

560. Le train est arrivé en gare à l'heure.
Il treno è arrivato in stazione in orario.

561. Suspendez les vêtements mouillés à l'extérieur pour qu'ils sèchent au soleil.
Appendi i vestiti bagnati all'esterno per asciugarli al sole.

562. Elle rejoindra l'équipe de football pour jouer avec ses amis.
Si unirà alla squadra di calcio per giocare con i suoi amici.

563. Nous pouvons faire nos courses au supermarché.
Possiamo fare la spesa al supermercato.

564. Il aime se vanter de ses réalisations.
Gli piace vantarsi dei suoi successi.

565. Ses parents désapprouvent qu'elle sorte tard.
suoi genitori disapprovano che stia fuori fino a tardi.

566. Faire bouillir de l'eau pour faire une tasse de thé.
Bollire l'acqua per fare una tazza di tè.

567. La nouvelle inattendue va choquer tout le monde.
La notizia inaspettata sconvolgerà tutti.

568. Ce n'est pas juste de tricher dans un jeu ; jouez toujours honnêtement.
Non è giusto imbrogliare in un gioco; gioca sempre onestamente.

569. Veuillez pousser la porte pour entrer dans la chambre.
Si prega di aprire la porta per entrare nella stanza.

570. Ses parents lui permettront d'aller à la fête.
I suoi genitori le permetteranno di andare alla festa.

571. Vous pouvez joindre la photo à l'e-mail.
Puoi allegare la foto all'e-mail.

572. Il ne put s'empêcher de sourire à la plaisanterie amusante.
Non poté fare a meno di sorridere alla battuta divertente.

573. Les dinosaures n'existent plus sur Terre.
I dinosauri non esistono più sulla Terra.

574. Ils trouveront la pièce manquante du puzzle.
Troveranno il pezzo mancante del puzzle.

575. Frappez à la porte avant d'entrer dans la chambre.
Bussa alla porta prima di entrare nella stanza.

576. Nous ne devrions jamais frapper ou blesser physiquement les autres.
Non dovremmo mai prendere a pugni o ferire fisicamente gli altri.

577. Le vent a dispersé les feuilles dans la cour.
Il vento ha sparso le foglie nel cortile.

578. Le magicien a fait disparaître le lapin.
Il mago ha fatto sparire il coniglio.

579. Les pompiers sauvent des personnes des bâtiments en feu.
I vigili del fuoco salvano le persone dagli edifici in fiamme.

580. Les élèves joueront une pièce de théâtre devant leurs parents.
Gli studenti metteranno in scena uno spettacolo per i loro genitori.

581. Les couleurs vives attirent les papillons dans le jardin.
I colori vivaci attirano le farfalle in giardino.

582. Elle adore danser sur sa musique préférée.
Ama ballare con la sua musica preferita.

583. Utilisez du savon pour vous laver les mains avant de manger.
Usa il sapone per lavarti le mani prima di mangiare.

584. Le jouet perdu doit appartenir à quelqu'un ; trouvons le propriétaire.
Il giocattolo smarrito deve appartenere a qualcuno; troviamo il proprietario.

585. Vous pouvez mettre le film en pause pour prendre des collations.
Puoi mettere in pausa il film per fare uno spuntino.

586. Essayez de ne pas embarrasser vos amis en public.
Cerca di non mettere in imbarazzo i tuoi amici in pubblico.

587. Le chiot va lécher votre visage pour montrer son affection.
Il cucciolo ti leccherà il viso per mostrare affetto.

588. Nous avons tous ri de la blague amusante.
Abbiamo tutti riso della battuta divertente.

589. Levez la main pour répondre à la question du professeur.
Alza la mano per rispondere alla domanda dell'insegnante.

590. N'oubliez pas d'éteindre les lumières avant de dormir.
Non dimenticare di spegnere le luci prima di dormire.

591. Ne gaspillez pas de nourriture; il est important de ne pas gaspiller.
Non sprecare cibo; è importante non sprecare.

592. La crème glacée fondra rapidement par une chaude journée.
Il gelato si scioglierà rapidamente in una giornata calda.

593. Elle caressa doucement la fourrure du chat.
Accarezzò delicatamente il pelo del gatto.

594. Versez-moi le jus dans un verre, s'il vous plaît.
Versami il succo in un bicchiere, per favore.

595. Le guide nous a fait visiter le musée.
La guida del tour ci ha mostrato il museo.

596. La pratique vous aide à améliorer vos compétences.
La pratica ti aiuta a migliorare le tue abilità.

597. Le bruit fort peut terrifier les jeunes enfants.
Il forte rumore può terrorizzare i bambini piccoli.

598. Des hélicoptères sauvent des gens des montagnes.
Gli elicotteri salvano le persone dalle montagne.

599. Certaines personnes n'aiment pas le goût de certains aliments.
Ad alcune persone non piace il gusto di certi cibi.

600. Il pratique la guitare tous les jours.
Si esercita a suonare la chitarra tutti i giorni.

601. Veuillez répondre à l'e-mail dès que possible.
Si prega di rispondere all'e-mail il prima possibile.

602. Elle possédera un nouveau vélo après son anniversaire.
Possederà una nuova bicicletta dopo il suo compleanno.

603. Le bruit soudain et fort la fit hurler de surprise.
L'improvviso forte rumore la fece urlare di sorpresa.

604. Vous pouvez connecter votre téléphone au haut-parleur via Bluetooth.
È possibile collegare il telefono all'altoparlante tramite Bluetooth.

605. Le magicien a fait disparaître la pièce dans les airs.
Il mago fece svanire la moneta nel nulla.

606. Ce n'est pas bien de punir quelqu'un sans raison valable.
Non è giusto punire qualcuno senza un valido motivo.

607. Le chat grattera le griffoir pour aiguiser ses griffes.
Il gatto graffierà il tiragraffi per affilare i suoi artigli.

608. Il peut décrire l'image en détail.
Può descrivere l'immagine in dettaglio.

609. Emballez vos vêtements dans la valise pour le voyage.
Metti i vestiti nella valigia per il viaggio.

610. Je vous mets au défi d'essayer le défi de la nourriture épicée.
Ti sfido a provare la sfida del cibo piccante.

611. Elle reniflera la fleur pour profiter de son parfum.

Annuserà il fiore per goderne la fragranza.

612. S'il vous plaît soyez prudent lorsque vous montez dans les escaliers.
Si prega di fare attenzione quando si sale le scale.

613. Les lapins tentent de s'échapper du jardin.
I conigli cercano di scappare dal giardino.

614. Nous aimons passer du temps avec nos amis.
Ci piace passare il tempo con i nostri amici.

615. Couvrez la casserole avec un couvercle pour garder les aliments au chaud.
Copri la pentola con un coperchio per mantenere il cibo caldo.

616. Séparez les différentes couleurs de bonbons dans des bols.
Separare i diversi colori delle caramelle in ciotole.

617. Les étoiles brillent de mille feux dans le ciel nocturne.
Le stelle brillano luminose nel cielo notturno.

618. Après une journée bien remplie, il est agréable de se détendre et de se détendre.
Dopo una giornata intensa, è bello rilassarsi e distendersi.

619. La souris s'est retrouvée coincée dans la petite boîte.
Il topo è rimasto intrappolato nella piccola scatola.

620. Elle apprendra à nager dans la piscine.
Imparerà a nuotare in piscina.

621. Elle changera de vêtements avant de sortir.
Si cambierà i vestiti prima di uscire.

622. Un sourire chaleureux peut égayer la journée de quelqu'un.

Un sorriso caloroso può illuminare la giornata di qualcuno.

623. Remerciez toujours les gens pour leur gentillesse.
Ringrazia sempre le persone per la loro gentilezza.

624. Nous devons faire de l'exercice régulièrement pour rester en bonne santé.
Dovremmo esercitare regolarmente per rimanere in buona salute.

625. Planifions une journée amusante à la plage.
Organizziamo una divertente giornata in spiaggia.

626. Le lion va chasser sa proie dans la savane.
Il leone cercherà la sua preda nella savana.

627. Il est difficile d'imaginer un monde sans Internet.
È difficile immaginare un mondo senza Internet.

628. Écoutez attentivement ce que dit le professeur.
Ascolta attentamente ciò che l'insegnante sta dicendo.

629. Veuillez vider la corbeille lorsqu'elle est pleine.
Si prega di svuotare il cestino quando è pieno.

630. Couvrez-vous la bouche lorsque vous toussez pour éviter la propagation des germes.
Copriti la bocca quando tossisci per evitare la diffusione di germi.

631. Les enfants se poursuivent dans la cour.
I bambini si rincorrono per il cortile.

632. Elle arrangera les fleurs dans un beau vase.
Sistemerà i fiori in un bellissimo vaso.

633. Il a travaillé dur et mérite la reconnaissance.
Ha lavorato sodo e merita il riconoscimento.

634. Manger des fruits et des légumes peut augmenter votre énergie.
Mangiare frutta e verdura può aumentare la tua energia.

635. Le chien va chercher la balle dans le jardin.
Il cane va a prendere la palla in giardino.

636. Faites attention de ne pas laisser tomber le verre.
Fare attenzione a non far cadere il bicchiere.

637. Il est important de se concentrer pendant le test.
È importante concentrarsi durante il test.

638. Vérifiez vos réponses pour vous assurer qu'elles sont correctes.
Controlla le tue risposte per assicurarti che siano corrette.

639. Le bruit fort peut effrayer les jeunes enfants.
Il forte rumore può spaventare i bambini piccoli.

640. Ils ont décidé d'interdire les sacs en plastique pour protéger l'environnement.
Hanno deciso di vietare i sacchetti di plastica per proteggere l'ambiente.

641. Nous devrions aider les autres quand ils en ont besoin.
Dovremmo aiutare gli altri quando ne hanno bisogno.

642. Elle a accroché son manteau au crochet.
Appese il cappotto al gancio.

643. L'interprète s'incline après sa danse.
L'esecutore si inchina dopo la sua danza.

644. Ne doutez pas de vos capacités ; tu peux le faire.
Non dubitare delle tue capacità; Puoi farlo.

645. Les gens se déshabillent généralement avant de prendre un bain.
Le persone di solito si spogliano prima di fare il bagno.

646. Soustrayez le plus petit nombre du plus grand.
Sottrai il numero più piccolo da quello più grande.

647. Vaporisez un insectifuge pour éloigner les moustiques.
Spray repellente per insetti per tenere lontane le zanzare.

648. Le chiot demande toujours une friandise.
Il cucciolo chiede sempre una sorpresa.

649. On peut rendre visite à grand-mère le week-end.
Possiamo visitare la nonna nel fine settimana.

650. Ils décoreront la maison pour la fête.
Decoreranno la casa per la festa.

651. Frappons dans nos mains pour encourager les artistes.
Battiamo le mani per tifare per gli artisti.

652. Veuillez entrer votre nom dans le formulaire d'inscription.
Inserisci il tuo nome nel modulo di registrazione.

653. Nous devons nous dépêcher pour prendre le bus à l'heure.
Dobbiamo affrettarci a prendere l'autobus in tempo.

654. Elle a réalisé son erreur et s'est excusée.
Si è resa conto del suo errore e si è scusata.

655. Le sauveteur avertit les gens des fortes vagues.
Il bagnino avverte le persone delle forti onde.

656. Il a enregistré sa chanson préférée sur son téléphone.

Ha registrato la sua canzone preferita sul suo telefono.

657. Puis-je emprunter votre stylo pour un moment?
Posso prendere in prestito la tua penna per un momento?

658. S'il vous plaît, ne criez pas. Utilisez votre voix intérieure.
Per favore, non urlare Usa la tua voce interna.

659. Elle recevra un cadeau pour son anniversaire.
Riceverà un regalo per il suo compleanno.

660. Je veux acheter un nouveau livre à lire.
Voglio comprare un nuovo libro da leggere.

661. L'école peut suspendre un élève pour avoir enfreint les règles.
La scuola può sospendere uno studente per violazione delle regole.

662. Il remplacera la fenêtre cassée par une nouvelle.
Sostituirà la finestra rotta con una nuova.

663. Les enfants courent dans le parc pour jouer.
I bambini corrono nel parco a giocare.

664. Chatouillez votre ami pour le faire rire.
Fai il solletico al tuo amico per farlo ridere.

665. Ils déballent leurs valises après le voyage.
Disimballano le valigie dopo il viaggio.

666. Que rêvez-vous de devenir dans le futur ?
Cosa sogni di diventare in futuro?

667. Utilisez de la colle pour coller le papier ensemble.
Usa la colla per incollare la carta insieme.

668. Elle emballera le cadeau dans du papier coloré.

Avvolgerà il regalo in carta colorata.

669. Vous pouvez taper votre histoire sur l'ordinateur.
Puoi digitare la tua storia sul computer.

670. N'oubliez pas de vous brosser les dents avant le coucher.
Ricordati di lavarti i denti prima di andare a dormire.

671. Les scientifiques inventent de nouvelles technologies pour améliorer nos vies.
Gli scienziati inventano nuove tecnologie per migliorare le nostre vite.

672. Vous pouvez compter sur vos amis pour vous soutenir.
Puoi fare affidamento sui tuoi amici per il supporto.

673. Il assistera au concert de musique ce week-end.
Parteciperà al concerto di musica questo fine settimana.

674. Les enfants sauteront de joie en voyant les cadeaux.
I bambini salteranno di gioia quando vedranno i regali.

675. Promets-moi de conduire prudemment.
Promettimi che guiderai con prudenza.

676. Ils essaient de se tromper avec des blagues idiotes.
Cercano di ingannarsi a vicenda con battute stupide.

677. Appuyez sur le bouton pour démarrer la machine.
Premere il pulsante per avviare la macchina.

678. La boîte contient tous les jouets.
La scatola contiene tutti i giocattoli.

679. Remuez doucement la soupe pour mélanger les ingrédients.
Mescolare delicatamente la zuppa per amalgamare gli ingredienti.

680. Les scientifiques découvrent de nouvelles planètes dans l'espace.
Gli scienziati scoprono nuovi pianeti nello spazio.

681. Ne forcez personne à faire quelque chose qu'il ne veut pas faire.
Non costringere nessuno a fare qualcosa che non vuole fare.

682. Le bébé rampe sur le sol pour explorer.
Il bambino striscia sul pavimento per esplorare.

683. Elle a préparé de délicieux biscuits pour la fête.
Ha preparato dei deliziosi biscotti per la festa.

684. Mélanger les ingrédients ensemble pour faire la pâte à gâteau.
Mescolare gli ingredienti per fare la pastella della torta.

685. Veillez à ne pas gâcher la peinture avec des déversements.
Fare attenzione a non rovinare il dipinto con versamenti.

686. Je vais proposer un jeu amusant à jouer ensemble.
Suggerirò un gioco divertente da fare insieme.

687. Hochez la tête si vous comprenez les instructions.
Annuisci con la testa se capisci le istruzioni.

688. Utilisez une règle pour mesurer la longueur de la table.
Usa un righello per misurare la lunghezza del tavolo.

689. Elle aime fredonner une mélodie tout en faisant ses devoirs.
Le piace canticchiare una melodia mentre fa i compiti.

690. Si vous ne connaissez pas la réponse, haussez simplement les épaules.
Se non conosci la risposta, alza le spalle.

691. Les enfants aiment jouer dans le parc.
Ai bambini piace giocare nel parco.

692. En hiver, il peut neiger et recouvrir le sol.
In inverno può nevicare e coprire il terreno.

693. Donnez à votre ami un câlin chaleureux quand vous le voyez.
Dai al tuo amico un caloroso abbraccio quando lo vedi.

694. Les problèmes mathématiques complexes peuvent parfois dérouter les élèves.
Complessi problemi di matematica a volte possono confondere gli studenti.

695. Il répare les jouets cassés avec de la colle.
Ripara i giocattoli rotti con la colla.

696. Les ballons colorés flottent dans les airs.
I palloncini colorati fluttuano nell'aria.

697. Mon grand-père peut ronfler bruyamment en dormant.
Mio nonno può russare rumorosamente mentre dorme.

698. Fermez la porte avant de quitter la pièce.
Chiudi la porta prima di lasciare la stanza.

699. Les enfants adorent jouer avec leurs jouets.
bambini adorano giocare con i loro giocattoli.

700. Dépêchez-vous, ou nous serons en retard pour le film.
Sbrigati o faremo tardi al film.

701. La chaise a des pieds en bois et des roues en métal.
La sedia ha gambe in legno e ruote in metallo.

702. Le diamant est une pierre précieuse rare.
Il diamante è una gemma rara.

703. C'est un pompier courageux, toujours prêt à rendre service.
È un vigile del fuoco coraggioso, sempre pronto ad aiutare.

704. La pastèque mûre est juteuse et rafraîchissante.
L'anguria matura è succosa e rinfrescante.

705. Ses nouvelles chaussures ont une surface brillante.
Le sue nuove scarpe hanno una superficie lucida.

706. Le personnage lâche a fui le danger.
Il personaggio codardo è scappato dal pericolo.

707. C'est une journée nuageuse, sans soleil.
È una giornata nuvolosa, senza sole.

708. Elle a obtenu une bonne note à son examen.
Ha ricevuto un buon voto al test.

709. Ils ont acheté une voiture d'occasion au lieu d'une neuve.
Hanno comprato un'auto usata invece di una nuova.

710. Suivez la route devant vous.
Segui la strada davanti a te.

711. Le feu d'artifice était génial à regarder.
Lo spettacolo pirotecnico è stato fantastico da guardare.

712. La rivière est large et large.
Il fiume è ampio e largo.

713. La maison hantée fait peur la nuit.
La casa infestata è spaventosa di notte.

714. Écouter de vieilles chansons la rend nostalgique.
Ascoltare vecchie canzoni le fa venire nostalgia.

715. Jouer avec le feu peut être dangereux.
Giocare con il fuoco può essere pericoloso.

716. Il a un système immunitaire robuste et tombe rarement malade.
Ha un sistema immunitario robusto e raramente si ammala.

717. Les enfants sont toujours énergiques et actifs.
I bambini sono sempre energici e attivi.

718. Le jouet cassé est inutile et ne peut pas être joué avec.
Il giocattolo rotto è inutile e non si può giocare.

719. Le film a été surestimé et n'a pas été à la hauteur de son battage médiatique.
Il film è stato sopravvalutato e non è stato all'altezza del suo clamore.

720. Les vieux livres sur l'étagère sont recouverts de couches poussiéreuses.
vecchi libri sullo scaffale sono ricoperti da strati polverosi.

721. Les deux amis ont des personnalités opposées.
I due amici hanno personalità opposte.

722. La gentillesse compte plus que d'être jolie ou laide.
La gentilezza conta più che sembrare belli o brutti.

723. Les fleurs fleurissent au printemps et donnent vie au jardin.
I fiori sbocciano in primavera e danno vita al giardino.

724. C'est un chef incompétent. Il n'a pas les compétences nécessaires pour prendre des décisions importantes.

È un leader incompetente. Gli mancano le capacità per prendere decisioni importanti.

725. C'est dangereux de conduire en état d'ébriété. Évitez toujours de boire et de conduire.
È pericoloso guidare in stato di ebbrezza. Evita sempre di bere e guidare.

726. Un comportement violent n'est pas acceptable; nous devons traiter les autres avec gentillesse.
Il comportamento violento non è accettabile; dovremmo trattare gli altri con gentilezza.

727. Le sol fertile est parfait pour faire pousser des cultures.
Il terreno fertile è perfetto per coltivare colture.

728. Ses remarques pleines d'esprit font toujours rire les gens.
Le sue osservazioni spiritose fanno sempre ridere la gente.

729. La rue animée peut être bruyante avec tout le trafic.
La strada trafficata può essere rumorosa con tutto il traffico.

730. Elle a été sévèrement critiquée pour ses erreurs.
Ha ricevuto aspre critiche per i suoi errori.

731. La fête était animée avec de la musique et de la danse.
La festa è stata animata da musica e balli.

732. Ils forment un couple marié et heureux.
Sono una coppia felicemente sposata.

733. Le chemin est étroit et ne peut convenir qu'à une seule personne.
Il percorso è stretto e può ospitare solo una persona.

734. Son anniversaire est la semaine prochaine et elle en est ravie.

Il suo compleanno è la prossima settimana e ne è entusiasta.

735. Il s'est réveillé de mauvaise humeur ce matin.
Si è svegliato di cattivo umore stamattina.

736. Le puzzle peut être difficile à résoudre.
Il puzzle può essere difficile da risolvere.

737. Veuillez nettoyer votre chambre car elle est très désordonnée.
Per favore, pulisci la tua stanza perché è molto disordinata.

738. Le soleil fournit des rayons chauds lors d'une journée ensoleillée.
Il sole fornisce raggi caldi in una giornata di sole.

739. Le chiot est tellement adorable avec sa fourrure duveteuse.
Il cucciolo è così adorabile con la sua soffice pelliccia.

740. C'est une jeune adulte mature et responsable.
È una giovane adulta matura e responsabile.

741. La banane est mûre et prête à manger.
La banana è matura e pronta da mangiare.

742. La table a une forme carrée.
Il tavolo ha una forma quadrata.

743. Il y a de nombreuses étoiles dans le ciel nocturne.
Ci sono numerose stelle nel cielo notturno.

744. Ils sont arrivés tôt au parc pour s'assurer une bonne place.
Sono arrivati al parco presto per assicurarsi un buon posto.

745. La pièce est sombre car les lumières sont éteintes.
La stanza è buia perché le luci sono spente.

746. Il se sent paresseux et ne veut rien faire.
Si sente pigro e non vuole fare alcun lavoro.

747. Elle a une routine quotidienne qu'elle suit tous les matins.
Ha una routine quotidiana che segue ogni mattina.

748. L'équipe a remporté un grand succès dans la compétition.
La squadra ha ottenuto un grande successo nella competizione.

749. Son explication était vague et difficile à comprendre.
La sua spiegazione era vaga e difficile da capire.

750. C'était juste une journée ordinaire sans rien de spécial.
Era solo una giornata normale senza che accadesse niente di speciale.

751. Elle portait une robe noire à la fête.
Indossava un vestito nero alla festa.

752. Le sans-abri a demandé de la nourriture.
Il senzatetto ha chiesto del cibo.

753. Le fruit est pourri et impropre à la consommation.
Il frutto è marcio e non commestibile.

754. C'est une fille maigre avec une silhouette mince.
È una ragazza magra con una figura snella.

755. Les chaussures boueuses salissaient le sol.
Le scarpe infangate sporcavano il pavimento.

756. L'humoriste a raconté des blagues drôles qui ont fait rire tout le monde.
Il comico ha raccontato barzellette divertenti che hanno fatto ridere tutti.

757. Il s'est mis en colère quand quelqu'un a cassé son jouet préféré.
Si è arrabbiato quando qualcuno ha rotto il suo giocattolo preferito.

758. Le papier est fin et peut se déchirer facilement.
La carta è sottile e si strappa facilmente.

759. Le tour de montagnes russes était fou et passionnant.
Il giro sulle montagne russe è stato pazzesco ed elettrizzante.

760. Elle a fait une erreur d'inattention sur le test.
Ha fatto un errore disattento durante il test.

761. Ce n'est pas bien d'appeler quelqu'un de stupide.
Non è bello chiamare qualcuno stupido.

762. Le voisin serviable a proposé de porter les lourdes courses.
Il vicino disponibile si è offerto di portare la spesa pesante.

763. La carte a une illustration détaillée des points de repère de la ville.
La mappa ha un'illustrazione dettagliata dei punti di riferimento della città.

764. Elle a cueilli des pommes fraîches de l'arbre.
Raccolse delle mele fresche dall'albero.

765. La voiture électrique fonctionne sur batterie.
L'auto elettrica funziona a batteria.

766. Le conte de fées a eu une fin magique.
La fiaba ha avuto un finale magico.

767. Il remporte le premier prix du concours de dessin.
Ha vinto il primo premio al concorso di disegno.

768. Elle a gardé sa chambre impeccable et rangée.
Teneva la sua stanza immacolata e ordinata.

769. La porte automatique s'ouvre lorsque vous vous en approchez.
La porta automatica si apre quando ti avvicini.

770. Son mal de gorge l'empêchait de parler.
Il suo mal di gola rendeva difficile parlare.

771. Le petit chiot tient dans la paume de votre main.
Il piccolo cucciolo sta nel palmo della tua mano.

772. Le jouet cassé est sans valeur et ne peut pas être réparé.
Il giocattolo rotto è inutile e non può essere riparato.

773. Le célèbre acteur a de nombreux fans à travers le monde.
Il famoso attore ha molti fan in tutto il mondo.

774. Ils ont apprécié le goût délicieux des guimauves grillées.
Hanno apprezzato il delizioso sapore dei marshmallow arrostiti.

775. Le tournesol a des pétales jaune vif.
Il girasole ha petali giallo brillante.

776. Il est toujours joyeux et souriant.
È sempre felice e sorridente.

777. Le chat de compagnie est apprivoisé et amical.
Il gatto domestico è docile e amichevole.

778. Elle a reçu un beau compliment de son professeur.
Ha ricevuto un bel complimento dalla sua insegnante.

779. Veillez à ne pas toucher le poêle chaud.
Fare attenzione a non toccare la stufa calda.

780. Ses cheveux sont naturellement bouclés et souples.
I suoi capelli sono naturalmente ricci e rimbalzanti.

781. Le sol est humide après la pluie.
Il terreno è umido dopo la pioggia.

782. Le livre ancien a été transmis de génération en génération.
Il vecchio libro è stato tramandato di generazione in generazione.

783. Un couteau suisse est un outil pratique aux multiples fonctions.
Un coltellino svizzero è uno strumento utile con molteplici funzioni.

784. C'est un athlète mince et en forme.
È un atleta magro e in forma.

785. L'éléphant est un énorme animal.
L'elefante è un animale enorme.

786. L'étrange créature avait une apparence bizarre.
La strana creatura aveva un aspetto bizzarro.

787. Le goût amer des médicaments la fit froncer les sourcils.
Il sapore amaro della medicina la fece accigliare.

788. La chemise est trop ample et doit être resserrée.
La maglia è troppo larga e deve essere stretta.

789. Le temps est frais et agréable.
Il clima è fresco e piacevole.

790. Le jus de citron a un goût acide.
Il succo di limone ha un sapore acido.

791. La route était cahoteuse et rendait le trajet inconfortable.
La strada era accidentata e rendeva il viaggio scomodo.

792. Elle se sentait en sécurité dans l'environnement familier de sa maison.
Si sentiva al sicuro nell'ambiente familiare della sua casa.

793. Une porte fermée empêche l'air froid d'entrer.
Una porta chiusa tiene fuori l'aria fredda.

794. Les fleurs du jardin étaient d'une belle nuance de violet.
I fiori del giardino erano di una bellissima sfumatura di viola.

795. Le pain était moisi et impropre à la consommation.
Il pane era ammuffito e non adatto al consumo.

796. Le vase antique est très précieux et vaut beaucoup d'argent.
Il vaso antico è molto prezioso e vale un sacco di soldi.

797. La rivière est large et coule dans la vallée.
Il fiume è largo e scorre attraverso la valle.

798. Il y a un parc près de chez nous où nous pouvons jouer.
C'è un parco vicino a casa dove possiamo giocare.

799. Personne n'est parfait. Nous sommes tous imparfaits d'une certaine manière.
Nessuno è perfetto. Siamo tutti imperfetti in qualche modo.

800. Le couvercle était serré et difficile à ouvrir.
Il coperchio era stretto e difficile da aprire.

801. Le sourire du bébé est si mignon et adorable.
Il sorriso del bambino è così carino e adorabile.

802. Elle portait une jolie robe rouge à la fête.
Indossava un bel vestito rosso alla festa.

803. Les nuages duveteux flottaient dans le ciel.
Le soffici nuvole fluttuavano nel cielo.

804. Ils cultivent des légumes biologiques dans leur jardin sans produits chimiques.
Coltivano verdure biologiche nel loro orto senza prodotti chimici.

805. C'est un beau jeune homme au sourire charmeur.
È un bel giovane con un sorriso affascinante.

806. Son sens de l'humour décalé nous fait toujours rire.
Il suo bizzarro senso dell'umorismo ci fa sempre ridere.

807. Le film d'horreur était si horrible que j'ai dû partir tôt.
Il film dell'orrore è stato così orribile che ho dovuto andarmene presto.

808. Elle a acheté un livre d'occasion à la librairie d'occasion.
Ha comprato un libro di seconda mano alla libreria dell'usato.

809. Le temps pluvieux a rendu les rues humides et glissantes.
Il tempo piovoso ha reso le strade bagnate e scivolose.

810. Le soleil brillait et c'était une chaude journée d'été.
Il sole splendeva ed era una calda giornata estiva.

811. L'éléphant géant est le plus grand animal terrestre.
L'elefante gigante è il più grande animale terrestre.

812. L'étang est peu profond et vous pouvez voir le fond.
Lo stagno è poco profondo e puoi vedere il fondo.

813. Les tours du magicien étaient merveilleux à regarder.
trucchi del mago erano meravigliosi da guardare.

814. La machine défectueuse a soudainement cessé de fonctionner.

La macchina difettosa ha smesso di funzionare improvvisamente.

815. La route sinueuse serpente à travers les montagnes.
La strada sinuosa si snoda attraverso le montagne.

816. L'emplacement du mystérieux trésor est encore inconnu.
La posizione del misterioso tesoro è ancora sconosciuta.

817. Elle a mangé toute la pizza toute seule.
Ha mangiato tutta la pizza da sola.

818. Il s'est senti faible après avoir été malade pendant une semaine.
Si sentiva debole dopo essere stato male per una settimana.

819. Le lion mâle a une crinière majestueuse.
Il leone maschio ha una criniera maestosa.

820. Sa nature oublieuse l'amène parfois à égarer les choses.
La sua natura smemorata a volte la porta a smarrire le cose.

821. C'est une enseignante compétente qui en sait beaucoup sur l'histoire.
È un'insegnante esperta che sa molto di storia.

822. La boîte était lourde et nécessitait deux personnes pour la soulever.
La scatola era pesante e ci sono volute due persone per sollevarla.

823. Manipulez le délicat vase en verre avec précaution, il est fragile.
Maneggia con cura il delicato vaso di vetro, è fragile.

824. Les blagues de l'humoriste étaient hilarantes et tout le monde a ri.
Le battute del simpatico comico erano esilaranti e tutti ridevano.

825. Elle est arrivée à la deuxième place de la course.
È arrivata al secondo posto in gara.

826. Le bruit mystérieux dans la vieille maison semblait étrange.
Il rumore misterioso nella vecchia casa suonava strano.

827. Les mathématiques deviennent faciles avec la pratique et la compréhension.
La matematica diventa facile con la pratica e la comprensione.

828. L'athlète fort a soulevé des poids lourds sans effort.
Il forte atleta ha sollevato pesi pesanti senza sforzo.

829. Ses mains tremblaient de nervosité avant la présentation.
Le sue mani tremavano per il nervosismo prima della presentazione.

830. Ils ont trouvé un souvenir bon marché à la boutique de cadeaux.
Hanno trovato un souvenir economico al negozio di articoli da regalo.

831. Le petit chiot était adorable et tenait dans son sac à main.
Il piccolo cucciolo era adorabile e stava nella sua borsetta.

832. La ville grouille de monde et d'activités.
La città è piena di gente e di attività.

833. Il a persévéré à travers les défis difficiles et a réussi.
Ha perseverato nelle sfide difficili e ci è riuscito.

834. Le roi et la reine vivent dans un grand palais royal.
Il re e la regina vivono in un grande palazzo reale.

835. Dans certaines cultures, discuter de certains sujets est considéré comme tabou.

In alcune culture, discutere di determinati argomenti è considerato un tabù.

836. La sage grand-mère a donné de précieux conseils.
La saggia nonna ha dato preziosi consigli.

837. Les bonbons sucrés avaient le goût de fraises.
La dolce caramella sapeva di fragole.

838. Le temps venteux a rendu le vol des cerfs-volants agréable.
Il tempo ventoso ha reso piacevole far volare gli aquiloni.

839. C'est une personne gentille, toujours prête à aider les autres.
È una persona gentile, sempre pronta ad aiutare gli altri.

840. Le restaurant sophistiqué propose une cuisine gastronomique.
Il sofisticato ristorante offriva una cucina gourmet.

841. Le soleil éclatant faisait tout briller de chaleur.
Il sole splendente faceva risplendere tutto di calore.

842. Compléter un puzzle peut être une expérience satisfaisante.
Completare un puzzle può essere un'esperienza soddisfacente.

843. Les animaux sauvages vivent librement dans la forêt.
Gli animali selvatici vivono liberi nella foresta.

844. Ses vêtements ont été mouillés par la pluie.
I suoi vestiti si sono bagnati sotto la pioggia.

845. Le jeune enfant avait soif d'apprendre et d'explorer.
Il bambino era desideroso di imparare ed esplorare.

846. Le couteau tranchant peut couper facilement les légumes.
Il coltello affilato può tagliare facilmente le verdure.

847. C'est une personne d'humeur égale, qui se met rarement en colère.
È una persona equilibrata, raramente si arrabbia.

848. La douce brise soufflait par la fenêtre ouverte.
La leggera brezza soffiava dalla finestra aperta.

849. Manger trop de carottes a rendu ma peau orange.
Mangiare troppe carote mi ha fatto diventare la pelle arancione.

850. Il est important d'admettre quand vous avez tort et de vous excuser.
È importante ammettere quando si sbaglia e scusarsi.

851. Regardez toujours des deux côtés avant de traverser la rue pour rester en sécurité.
Guarda sempre in entrambe le direzioni prima di attraversare la strada per stare al sicuro.

852. La surface plane est parfaite pour écrire et dessiner.
La superficie piatta è perfetta per scrivere e disegnare.

853. J'ai faim et je veux manger un délicieux repas.
Ho fame e voglio mangiare un pasto delizioso.

854. Elle aime garder son journal privé et personnel.
Le piace mantenere il suo diario privato e personale.

855. Le super-héros a de puissantes capacités pour sauver la ville.
Il supereroe ha potenti capacità per salvare la città.

856. Les enfants étaient enthousiasmés par le voyage à venir.
I bambini erano entusiasti del viaggio imminente.

857. La branche d'arbre était tordue mais pas cassée.
Il ramo dell'albero era piegato ma non spezzato.

858. Il a obtenu une excellente note à son examen.
Ha ricevuto un voto eccellente nel test.

859. L'élève intelligent obtient toujours de bonnes notes.
Lo studente intelligente ottiene sempre buoni voti.

860. Les montagnes enneigées semblaient blanches et belles.
Le montagne coperte di neve sembravano bianche e belle.

861. Le chien amical remuait la queue lorsqu'il rencontrait de nouvelles personnes.
Il simpatico cane scodinzolava quando incontrava nuove persone.

862. Les boissons alcoolisées sont réservées aux adultes; les enfants ne doivent pas les consommer.
Le bevande alcoliche sono solo per adulti; i bambini non dovrebbero consumarli.

863. Le grand éléphant est le plus gros animal terrestre.
Il grande elefante è il più grande animale terrestre.

864. Il a mangé la moitié de la pizza et a gardé le reste pour plus tard.
Mangiò metà della pizza e conservò il resto per dopo.

865. Le chef a préparé une pizza suprême avec diverses garnitures.
Lo chef ha preparato una pizza suprema con vari condimenti.

866. Elle pratique régulièrement le piano.
Si esercita regolarmente a suonare il pianoforte.

867. La boîte à outils contient divers outils utiles.
La casella degli strumenti contiene vari strumenti utili.

868. La vraie histoire était encore plus excitante que la fiction.

La vera storia era ancora più eccitante di quella immaginaria.

869. La taille moyenne des élèves de la classe est supérieure à celle de l'enseignant.
L'altezza media degli studenti della classe è più alta dell'insegnante.

870. Le fruit mûr est maintenant comestible et prêt à manger.
Il frutto maturo è ora commestibile e pronto da mangiare.

871. L'oiseau femelle a pondu des œufs dans le nid.
L'uccello femmina ha deposto le uova nel nido.

872. Les lettres mélangées rendaient difficile la lecture du mot.
Le lettere confuse rendevano difficile leggere la parola.

873. L'homme riche possède plusieurs manoirs.
Il ricco possiede diversi palazzi.

874. Le chaton blessé avait l'air pathétique et avait besoin d'aide.
Il gattino ferito sembrava patetico e bisognoso di aiuto.

875. Le temps agréable a rendu le pique-nique en plein air agréable.
Il bel tempo ha reso piacevole il picnic all'aperto.

876. L'herbe verte luxuriante couvrait le parc.
L'erba verde lussureggiante copriva il parco.

877. Les frites salées lui donnaient soif.
Le patatine salate gli facevano venire sete.

878. Sa peinture était la meilleure parmi toutes les entrées.
La sua pittura è stata la migliore tra tutte le voci.

879. Il garde sa chambre propre et bien rangée.
Tiene la sua stanza pulita e ordinata.

880. Les deux peintures ont des couleurs et des styles différents.
I due dipinti hanno colori e stili diversi.

881. Le smartphone moderne possède de nombreuses fonctionnalités avancées.
Lo smartphone moderno ha molte funzionalità avanzate.

882. L'enfant innocente croyait tout ce que ses parents lui disaient.
La bambina innocente credeva a tutto ciò che i suoi genitori le dicevano.

883. Le venin du serpent peut être mortel pour l'homme.
Il veleno del serpente può essere letale per l'uomo.

884. Elle trouve la paix et le réconfort dans ses croyances spirituelles.
Trova pace e conforto nelle sue convinzioni spirituali.

885. La balle rebondissante a rebondi haut après avoir touché le sol.
La palla rimbalzante è rimbalzata in alto dopo aver toccato il suolo.

886. Le riche homme d'affaires possède plusieurs voitures de luxe.
Il ricco uomo d'affari possiede diverse auto di lusso.

887. Les tâches banales de la vie quotidienne peuvent parfois être ennuyeuses.
I compiti banali della vita quotidiana a volte possono essere noiosi.

888. La vieille maison abandonnée avait l'air effrayante la nuit.
La vecchia casa abbandonata sembrava spettrale di notte.

889. Le papier fragile se déchire facilement.
La carta sottile si strappava facilmente.

890. Ses illustrations étaient parfaites, sans aucune erreur.
La sua opera d'arte era perfetta, senza errori.

891. La chambre sale a besoin d'un nettoyage en profondeur, c'est sale.
La stanza sporca ha bisogno di una pulizia accurata, è sporca.

892. La pente raide de la montagne était difficile à gravir.
Il ripido pendio della montagna era impegnativo da scalare.

893. Il est petit par rapport à ses grands amis.
È basso rispetto ai suoi amici alti.

894. Le temps froid de l'hiver nécessite des vêtements chauds.
Il freddo inverno richiede vestiti caldi.

895. Elle portait une jolie robe à la fête.
Indossava un bel vestito alla festa.

896. Le désert est chaud et sec avec peu de précipitations.
Il deserto è caldo e secco con scarse precipitazioni.

897. Elle a une apparence jeune, malgré son âge.
Ha un aspetto giovanile, nonostante la sua età.

898. L'étang était glacé et la surface était gelée.
Lo stagno era ghiacciato e la superficie era ghiacciata.

899. Le son effrayant dans la forêt sombre les a effrayés.
Il suono inquietante nella foresta oscura li ha spaventati.

900. Les billets pour le concert sont encore disponibles.
I biglietti per il concerto sono ancora disponibili.

901. Le chien brun a joué à chercher dans le parc.
Il cane marrone giocava a prendere nel parco.

902. L'eau calme du lac était lisse et immobile.

L'acqua calma del lago era liscia e immobile.

903. La déclaration ambiguë peut être interprétée de différentes manières.
L'affermazione ambigua può essere interpretata in diversi modi.

904. Elle a travaillé dur et est devenue une entrepreneure prospère.
Ha lavorato sodo ed è diventata un'imprenditrice di successo.

905. Ils ont fait une randonnée aventureuse à travers les montagnes.
Hanno fatto un'avventurosa escursione attraverso le montagne.

906. La règle a aidé à tracer une ligne droite sur le papier.
Il righello ha aiutato a tracciare una linea retta sulla carta.

907. Il a agi avec nonchalance même s'il était nerveux à l'intérieur.
Ha agito con nonchalance anche se era nervoso dentro.

908. Le citron a un goût aigre qui vous fait plisser.
Il limone ha un sapore aspro che ti fa arricciare.

909. Après une longue journée, elle se sentait fatiguée et prête à aller au lit.
Dopo una lunga giornata, si sentiva stanca e pronta per andare a letto.

910. Elle garde sa chambre rangée et organisée.
Tiene la sua stanza ordinata e organizzata.

911. La triste fin du film l'a laissée en larmes.
Il triste finale del film l'ha lasciata in lacrime.

912. Il s'est senti chanceux après avoir remporté le prix de la tombola.
Si sentiva fortunato dopo aver vinto il premio della lotteria.

913. Manger des fruits et des légumes vous maintient en bonne santé.
Mangiare frutta e verdura ti mantiene in salute.

914. La pizza est ronde, comme un cercle.
La pizza è rotonda, come un cerchio.

915. Le gros chat se prélassait paresseusement sur le canapé.
Il gatto grasso oziava pigramente sul divano.

916. Elle portait un t-shirt blanc uni sans motifs.
Indossava una semplice maglietta bianca senza disegni.

917. Aujourd'hui est un jour spécial, car c'est son anniversaire.
Oggi è un giorno speciale, perché è il suo compleanno.

918. La personne bienveillante aide les autres dans le besoin.
La persona di buon cuore aiuta gli altri bisognosi.

919. Le guépard est connu pour sa rapidité.
Il ghepardo è noto per la sua velocità veloce.

920. L'oreiller moelleux est doux et confortable.
Il soffice cuscino è morbido e confortevole.

921. Le cours de psychologie était si ennuyeux.
La lezione di psicologia era così noiosa.

922. Le jouet cassé doit être réparé.
Il giocattolo rotto deve essere riparato.

923. Le magnifique château était grand et grandiose.
Il magnifico castello si ergeva alto e imponente.

924. La chambre des enfants est en désordre avec des jouets éparpillés partout.
La stanza dei bambini è in disordine con giocattoli sparsi ovunque.

925. L'équipe médicale prodigue des soins aux patients malades.
Il team medico fornisce assistenza ai pazienti malati.

926. Le petit chaton ne pouvait pas sauter sur le lit.
Il piccolo gattino non poteva saltare sul letto.

927. Elle portait une robe de fantaisie à l'événement officiel.
Indossava un abito elegante per l'evento formale.

928. La bibliothèque est un lieu silencieux pour lire et étudier.
La biblioteca è un luogo silenzioso per leggere e studiare.

929. La surface rugueuse de l'écorce des arbres semble grossière.
La superficie ruvida della corteccia dell'albero sembra ruvida.

930. Le verre vide doit être rempli d'eau.
Il bicchiere vuoto deve essere riempito d'acqua.

931. Le couple a apprécié un dîner romantique aux chandelles.
Gli sposi si sono goduti una romantica cena a lume di candela.

932. Le ciel par temps clair apparaît bleu.
Il cielo in una giornata limpida appare blu.

933. Le gâteau était savoureux et délicieux.
La torta era gustosa e deliziosa.

934. La grande girafe attrapa les feuilles de l'arbre.
L'alta giraffa raggiunse le foglie dell'albero.

935. La rue animée était remplie de gens et de voitures.
La strada trafficata era piena di gente e macchine.

936. Les gens polis disent « s'il vous plaît » et « merci » ?
Le persone educate dicono ""per favore"" e ""grazie""?

937. L'inventeur intelligent a créé un gadget utile.
L'inventore intelligente ha creato un gadget utile.

938. Les nouvelles chaussures étaient raides et inconfortables.
Le nuove scarpe erano rigide e scomode.

939. Le restaurant sert de petites bouchées.
Il ristorante serviva stuzzichini.

940. L'oiseau étrange ne ressemblait à aucun autre qu'ils avaient vu.
L'uccello dall'aspetto strano era diverso da tutti gli altri che avevano visto.

941. Les belles fleurs ont fleuri dans le jardin.
I bei fiori sbocciati nel giardino.

942. Elle portait un chapeau rose à la fête.
Indossava un cappello rosa alla festa.

943. L'océan est profond et mystérieux.
L'oceano è profondo e misterioso.

944. La cour de récréation est loin de chez nous.
Il parco giochi è lontano da casa nostra.

945. Le tigre féroce rugit dans la jungle.
La feroce tigre ruggì nella giungla.

946. Le guépard peut courir très vite.
Il ghepardo può correre molto velocemente.

947. Le curry épicé avait une saveur forte.

Il curry piccante aveva un sapore forte.

948. Le film d'horreur avait des scènes horribles.
Il film dell'orrore aveva scene raccapriccianti.

949. Après avoir mangé, ils se sentaient rassasiés et satisfaits.
Dopo aver mangiato, si sentivano pieni e soddisfatti.

950. Le problème de maths était difficile à résoudre.
Il problema di matematica era difficile da risolvere.

951. Le vilain enfant s'est mal conduit et a été réprimandé.
Il bambino cattivo si è comportato male e ha ricevuto un rimprovero.

952. Il a reçu un nouvel ensemble de clubs de golf pour son anniversaire.
Ha ricevuto un nuovo set di mazze da golf per il suo compleanno.

953. Il est impoli d'interrompre quelqu'un pendant qu'il parle.
È maleducato interrompere qualcuno mentre sta parlando.

954. Six moins quatre égal deux.
Sei meno quattro fa due.

955. Le livre est sur la table.
Il libro è sul tavolo.

956. Ils ont joué à des jeux jusque tard dans la soirée.
Hanno giocato fino a tarda sera.

957. Les oiseaux volaient au-dessus des grands arbres.
Gli uccelli volavano sopra gli alberi alti.

958. L'oiseau bleu était parmi les autres oiseaux colorés.
L'uccello blu era tra gli altri uccelli colorati.

959. Elle est plus grande que son jeune frère.
È più alta del fratello minore.

960. Ils passèrent devant la vieille maison.
Passarono davanti alla vecchia casa.

961. Il a reçu une lettre de son ami.
Ha ricevuto una lettera dal suo amico.

962. Tout le monde est invité, sauf une personne.
Tutti sono invitati, esclusa una persona.

963. Elle a acheté des fleurs pour sa mère.
Ha comprato dei fiori per sua madre.

964. Il joue au football avec ses amis.
Gioca a calcio con i suoi amici.

965. Le parc est situé en face de la bibliothèque.
Il parco si trova di fronte alla biblioteca.

966. Ils se sont promenés dans le quartier.
Girarono per il quartiere.

967. Le supermarché est près de l'école.
Il supermercato è vicino alla scuola.

968. Il a réussi à terminer la tâche sans aucune aide.
Riuscì a completare l'attività senza alcun aiuto.

969. En ouvrant le cadeau, elle sourit.
Aprendo il regalo, sorrise.

970. Tout le monde a fini ses devoirs sauf lui.
Tutti hanno finito i compiti tranne lui.

971. Le chat s'est caché sous la table.
Il gatto si nascose sotto il tavolo.

972. Ils ont mangé de la glace après le dîner.
Hanno preso un gelato dopo cena.

973. Les équipes de football joueront les unes contre les autres, l'Angleterre contre le Brésil.
Le squadre di calcio giocheranno l'una contro l'altra, Inghilterra contro Brasile.

974. Le chemin mène au-delà de la forêt.
Il sentiero conduce oltre il bosco.

975. Le chat dort sous le lit.
Il gatto dorme sotto il letto.

976. Contrairement à son frère, elle adore nager.
A differenza di suo fratello, ama nuotare.

977. Le trésor était enfoui sous le sable.
Il tesoro è stato sepolto sotto la sabbia.

978. Les cookies sont à l'intérieur du bocal.
I biscotti sono dentro il barattolo.

979. Les deux arbres se dressent entre les maisons.
I due alberi stanno tra le case.

980. Deux plus deux font quatre.
Due più due fa quattro.

981. Ils partirent en voyage avant le lever du soleil.
Partirono per il viaggio prima dell'alba.

982. Malgré la pluie, ils ont continué à jouer dehors.
Nonostante la pioggia, hanno continuato a giocare fuori.

983. Les étoiles brillent au-dessus de nous.
Le stelle brillano luminose sopra di noi.

984. Les enfants jouaient à l'extérieur de la maison.
bambini giocavano fuori casa.

985. Ils traversèrent le pont.
Attraversarono il ponte.

986. Elle a raconté une histoire sur ses vacances.
Ha raccontato una storia sulla sua vacanza.

987. Les poissons nagent sous la surface de l'eau.
I pesci nuotano sotto la superficie dell'acqua.

988. Ils sont amis depuis la maternelle.
Sono amici dall'asilo.

989. Ils marchèrent le long de la berge.
Camminarono lungo la riva del fiume.

990. Ils ont envoyé le colis par courrier express.
Hanno spedito il pacco tramite corriere espresso.

991. Il a éteint les lumières avant de dormir.
Ha spento le luci prima di dormire.

992. L'équipe a joué contre ses rivaux.
La squadra ha giocato contro i rivali.

993. Le ballon a dévalé la colline.
La palla rotolò giù per la collina.

994. Le lendemain, ils ont organisé une fête.
Il giorno dopo hanno fatto una festa.

995. Les clés sont dans le tiroir.
Le chiavi sono nel cassetto.

996. Ils ont marché à travers la forêt.
Camminarono attraverso la foresta.

997. Il se tenait derrière le grand arbre.
Si fermò dietro l'albero alto.

998. Le chat a sauté sur la chaise.
Il gatto saltò sulla sedia.

999. Le ballon flottait dans le ciel.
Il pallone si è alzato in cielo.

1000. Elle s'assit à côté de sa meilleure amie.
Si sedette accanto alla sua migliore amica.

1001. Les élèves se dirigèrent vers l'école.
Gli studenti si avviarono verso la scuola.

LIVRE 3:
Aventures en italien
1000+ lignes de dialogues italien utiles pour vous aider à apprendre l'italien

LIVRE 3 Contenu

Introduction 202
Il nuovo coinquilino 203
Il giro dell'appartamento 207
Il tram 212
La prima birra 217
La ragazza inglese..222
L'orientamento 227
I nuovi amici 232
La città di Nottingham 237
Il grande magazzino 242
Il primo appuntamento 246
Bonus 251
Il primo giorno del semestre 253
La cena in famiglia 258
La palestra 262
La telenovela...267
Il negozio IKEA 271
La spesa 276
La madrina 281
La bacheca 286

La libreria..290
L'autobus per l'aeroporto..............................294

Introduction

Cher apprenant.

C'est l'histoire d'Adam Jackson, un étudiant de 20 ans originaire de Taiwan. Adam vient en Angleterre pour étudier à l'Université de Nottingham. Il va faire beaucoup d'amis et peut-être même trouver une petite amie. Mais que se passera-t-il exactement sur son semestre à l'étranger? Découvrez à l'intérieur.

S'amuser. Commençons.

Chapitre 1

Il nuovo coinquilino

Adam e sua madre sono appena arrivati a Nottingham. Lo sta aiutando a trovare il suo appartamento. Sono in piedi davanti all'ascensore quando arriva Howard.

TASSISTA Ventotto sterline e sessanta, per favore.

SIGNORA. JACKSON Qui. Prendi trenta sterline da quello.

TASSISTA Grazie mille. Ti restituirò venti sterline. Buona giornata.

SIGNORA. JACKSON Anche tu. Ciao.

ADAM Porterò con me le valigie pesanti. Puoi portare la mia borsa per laptop?

SIGNORA. JACKSON Metti la borsa del laptop sulla valigia quando la tiri. Posso tirare la mia valigia da solo.

ADAM Fortunatamente, l'appartamento ha un ascensore, quindi non dobbiamo portare tutto su per le scale.

SIGNORA. JACKSON Senza un ascensore non potremmo farcela.

ADAM Questa strada è molto bella. Sei mai stato qui prima d'ora?

SIGNORA. JACKSON Sì, conosco molto bene questa strada. A volte andavo in bicicletta con gli amici qui.

ADAM Hai ancora la bici qui a Nottingham? Mi piacerebbe usarlo per vedere tutti i posti interessanti nelle vicinanze.

SIGNORA. JACKSON Sfortunatamente, l'ho venduto prima che ci trasferissimo a Taiwan. Puoi acquistarne uno da una fiera dell'usato o cercare gli annunci sul giornale.

ADAM Sì, ho visto un manifesto di un mercato di biciclette al Nottingham Conference Centre il ventinovesimo marzo. Sai dov'è?

SIGNORA. JACKSON Se non ricordo male, puoi prendere il tram e scendere a Market Square. Da lì, devi solo camminare per altri cinque o dieci minuti.

ADAM Ottimo. Spero di poter ottenere una buona bicicletta ad un buon prezzo. Non so niente di bici.

SIGNORA. JACKSON Sono sicuro che uno dei tuoi nuovi amici dovrebbe essere in grado di aiutarti. Ci sono molte biciclette davanti al tuo edificio. Sembra un posto sicuro dove chiudere a chiave la bici di notte.

ADAM Lo penso anch'io. Sarei così arrabbiato se la mia bici fosse rubata.

SIGNORA. JACKSON Scommetto che il tuo coinquilino ha una bicicletta e potrebbe anche aiutarti a comprarne una.

ADAM Credo che tu abbia ragione. Oh no, non riesco a trovare la mia chiave. Credo di averlo perso.

SIGNORA. JACKSON L'hai appena preso dall'università. Come puoi già perderlo?

ADAM Non lo so. Pensavo di averlo messo in tasca ma ora non riesco a trovarlo. Oh aspetta, l'ho trovato. Era nella borsa del mio portatile.

SIGNORA. JACKSON Grazie a Dio. Non perdere mai la chiave. Immagina se qualcuno lo trova e ruba tutto nel tuo appartamento?

ADAM Come faranno a sapere dove abito?

SIGNORA. JACKSON Il tuo indirizzo è scritto sul portachiavi.

ADAM Ah giusto. Non ci ho pensato.

SIGNORA. JACKSON Dovresti toglierti quel portachiavi e lasciarlo nella tua stanza finché non restituirai le chiavi alla fine del semestre.

ADAM Ok, nessun problema. Guarda, la chiave funziona.

SIGNORA. JACKSON Prendiamo l'ascensore.

HOWARD Buon giorno.

SIGNORA. GIACOMO Buon giorno. Salire?

HOWARD Sì. Per favore, dopo di te.

SIGNORA. JACKSON Grazie.

HOWARD A che piano è il tuo appartamento?

ADAM Al quinto piano.

HOWARD Vivo allo stesso piano. Devi essere il mio nuovo coinquilino.

ADAM Sì, penso di sì.

HOWARD Sono felice di conoscerti. Mi chiamo Howard Brown.

Vengo da Edimburgo.

ADAM Anch'io sono contento. Mi chiamo Adam Jackson e questa è mia madre.

HOWARD Signora Jackson, le sue valigie sembrano piuttosto pesanti. Ti aiuterò a portarli.

SIGNORA. JACKSON E' carino da parte tua. Da quanto tempo vivi a Nottingham?

HOWARD Vivo a Nottingham da cinque anni. Questo è il mio ultimo semestre qui e poi torno a Edimburgo per lavorare.

ADAM Cosa studi all'università?

HOWARD Medicina. Voglio fare il pediatra.

SIGNORA. JACKSON Ottimo. Quindi devi lavorare anche all'ospedale universitario, giusto?

HOWARD Esattamente. Lavoro solo il martedì e il giovedì. E tu, Adam? Cosa studi all'università?

ADAM Sto studiando storia alla National Taipei University di Taipei.

HOWARD Amo Taiwan. Ci sono stato una volta ma non so nulla della sua storia. Forse puoi dirmi di più qualche volta ? Ci sei nato?

ADAM Sì, lo ero, ma mia madre no. È nata a Nottingham.

HOWARD Ottimo. Sei un vero Nottinghamiano.

SIGNORA. JACKSON Sì, sono nato nell'ospedale della città. Ventun anni fa, ovviamente!

Chapitre 2

Il giro dell'appartamento

Howard apre la porta dell'appartamento e inizia a far fare ad Adam e sua madre un giro dell'appartamento.

HOWARD Benvenuti nel nostro appartamento. Puoi appendere i cappotti lì e mettere le scarpe sulla scarpiera.

SIGNORA. JACKSON Buona idea. Togliersi le scarpe prima di entrare nell'appartamento mantiene il pavimento pulito e non è necessario pulire così spesso.

HOWARD Hai ragione. odio pulire il pavimento

SIGNORA. JACKSON E hai anche un paio di pantofole qui. Sono tuoi o per gli ospiti?

HOWARD Quelli blu sono miei. Per favore, prendi un paio degli altri se hai i piedi freddi.

ADAM Gli altri mi sembrano troppo piccoli. Camminerò solo con i calzini.

HOWARD Puoi comprarne un paio per un paio di sterline. Lascia che ti mostri l' appartamento. Questa qui è la cucina. Abbiamo un forno a microonde, un forno e un frigorifero. Il ripiano superiore del frigorifero è mio e quello inferiore è tuo. Ti mostrerò come usare la lavastoviglie più tardi, quando sarà piena.

ADAM Bene, non devo lavare i piatti a mano. Ogni quanto lo devi mettere ?

HOWARD Di solito due volte alla settimana. Di più se facciamo una festa o se vengono gli amici a cena. Abbiamo un sacco di piatti e posate, quindi non è un problema se ce ne dimentichiamo. Dall'altra parte del corridoio è il bagno con doccia. Questo qui è il soggiorno.

ADAM Sembra molto bello e da qui c'è una bella vista sulla foresta.

HOWARD Sì, mi piace sedermi sul balcone e prendere una tazza di caffè quando il tempo è bello.

ADAM Com'è il divano? È comodo ?

HOWARD Sì, sembra un po' antiquato ma è comodo. In realtà è un divano letto. Ottimo per quando amici o parenti soggiornano.

ADAM Ah bene. E mi è stato detto che l'appartamento ha la TV via cavo. È giusto?

HOWARD Molte serie e film internazionali vengono trasmessi qui in TV, ma tutti sono disponibili solo con audio in inglese.

ADAM Peccato.

SIGNORA. JACKSON Sarai troppo impegnato a studiare e incontrare nuovi amici per guardare la TV.

ADAM È vero. Posso comunque guardare i programmi sul mio laptop. Howard, puoi aiutarmi a connettermi al Wi-Fi?

HOWARD Certo. Il nome della rete è Netzgear 3000 e la password è "nodding dog" ma con numeri e lettere.

ADAM Ahah, bello. Adoro quei cani. Ne ho uno nella mia macchina. Come si scrive?

HOWARD N maiuscola e poi 0-d-d-1-n-g-d-0-g.

ADAM Ok, grazie. Sono connesso al mio telefono. Mi collegherò sul mio portatile più tardi.

HOWARD Oh, dovrei dirti che il telefono accanto allo specchio nell'ingresso può effettuare chiamate solo con una scheda telefonica.

ADAM Nessun problema. Non lo userò comunque. Posso usare le app sul mio smartphone se devo chattare con qualcuno.

HOWARD Infine, quella laggiù è la mia camera da letto. Sei nella stanza numero due. L'ultima porta a sinistra.

ADAM E dove posso lavare i miei panni? C'è una lavatrice?

HOWARD La lavatrice e l' asciugatrice sono nel seminterrato. Te lo mostro un po' più tardi. È ok?

ADAM Sì, non ho ancora vestiti sporchi.

HOWARD Fatevi come a casa vostra. Scusatemi, domani ho un esame importante per il quale devo studiare. È stato molto bello conoscerla, signora Jackson. Ci vediamo dopo, Adam.

ADAM Grazie Howard. Arrivederci. Mamma, portiamo le valigie in camera mia.

SIGNORA. JACKSON La tua stanza è carina. Un letto, un armadio, una scrivania e una sedia. Cosa ti serve ancora?

ADAM Forse una cassettiera. Oh aspetta, ci sono dei cassetti dentro l'armadio.

SIGNORA. JACKSON Bene. Metti la biancheria intima e le magliette nei cassetti e appendi camicie e pantaloni, così non dovrai stirarli.

ADAM Non ci sono abbastanza grucce, quindi terrò anche i miei pantaloni in uno dei cassetti con i miei pantaloncini.

SIGNORA. JACKSON Dovresti pulire i cassetti prima di metterci dentro qualsiasi capo di abbigliamento.

ADAM Sembrano già abbastanza puliti. Cominciamo a disimballare.

SIGNORA. JACKSON Va bene. Ecco le tue t-shirt e polo. Appenderò le tue magliette.

ADAM Grazie. Metto via tutto il resto. Vedi un buon spazio per i miei bagagli?

SIGNORA. JACKSON Che ne dici di sotto il letto? Sembra che si adatterà.

ADAM Buona idea.

SIGNORA. JACKSON Ecco, ti ho comprato una festa di inaugurazione della casa regalo. È solo un accappatoio.

ADAM Non dovevi comprarmi niente. Grazie mille.

SIGNORA. JACKSON So che non devo. Volevo. Sei mio figlio.

ADAM Lo adoro. È molto utile; soprattutto fino a quando non arriva il clima più mite.

SIGNORA. JACKSON Esattamente. Puoi dirmi che ore sono adesso?

ADAM Sono le due e mezzo. A che ora incontri lo zio Robert?

SIGNORA. JACKSON Abbiamo una prenotazione alle 17:00. Lo chiamo quando arrivo al ristorante. Vorrei comprargli un regalo in anticipo, quindi me ne vado ora.

ADAM Ok, di' allo zio Robert che ti ho salutato.

SIGNORA. JACKSON Lo farò. Ecco dei soldi per comprare la cena per te e Howard. Dovrebbe conoscere i posti migliori in cui mangiare in città. Vieni a darmi un abbraccio.

ADAM Grazie. Forse ha dei piani, ma glielo chiederò. Arrivederci.

Chapitre 3

Il tram

Più tardi quel giorno, Adam e Howard stanno parlando nell'appartamento.

HOWARD È tutto in ordine nella tua stanza?

ADAM La finestra è rotta. non riesco ad aprirlo.

HOWARD Sì, lo so. Mi è stato detto che verrà riparato presto.

ADAM E voglio avere un cuscino in più. Dove posso acquistarne uno?

HOWARD Alcuni negozi del centro vendono cuscini, ma sono un po' cari.

ADAM Sono già le otto. I negozi sono ancora aperti?

HOWARD Sfortunatamente no. La maggior parte dei negozi chiude prima delle otto. Se hai tempo un altro giorno, vai da IKEA. Hanno un sacco di biancheria e altri articoli per la casa a buoni prezzi.

ADAM Non ho mai comprato niente da IKEA. Come ci arrivo?

HOWARD Anch'io voglio comprare qualcosa da lì, così possiamo andare insieme. Ho bisogno di una nuova lampada da scrivania. Forse mercoledì sera?

ADAM Suona bene. A che ora chiude il negozio il mercoledì?

HOWARD Penso che sia aperto fino alle 21:00. Ceneremo lì prima di fare acquisti.

ADAM Ottimo. Non vedo l'ora.

HOWARD A proposito di cena, ho fame. Andiamo a mangiare.

ADAM Buona idea. Dove mangiamo? In un ristorante?

HOWARD Andremo a cena in un ristorante di tapas nel centro della città.

Adam e Howard lasciano l'appartamento e vanno alla fermata del tram.

ADAM Servono cibo vegetariano lì?

HOWARD Sì, naturalmente. Ci sono molti piatti diversi senza carne.

ADAM Eccellente. Vendono birra? Non vedo l'ora di bere la mia prima birra inglese in Inghilterra.

HOWARD Ti offro la tua prima birra. Preferisci bere birra chiara o scura ?

ADAM Non ho preferenze. Se hai una birra preferita, la proverò.

HOWARD C'è una birra chiara che mi piace. È prodotto qui a Nottingham. Viene venduto anche in bottiglia se lo vuoi bere a casa.

ADAM Suona bene. Vorrei provarlo fresco prima di provarlo a casa. Esci spesso?

HOWARD Non così spesso. A volte vado al cinema con gli amici o mangiamo qualcosa l'uno nell'appartamento dell'altro. Non posso permettermi di uscire a bere tutto il tempo.

ADAM Non esco affatto a bere a Taipei. Le persone preferiscono bere il tè o andare al mercato notturno per il cibo di strada.

HOWARD Per te è più facile risparmiare soldi lì allora. Quando è il tuo compleanno ?

ADAM Compirò ventun anni il ventinove aprile.

HOWARD Ah, quindi compi ventuno anni mentre sei qui nel Regno Unito

ADAM Esattamente. Quanti anni hai?

HOWARD Ho ventiquattro anni. Il mio compleanno era a gennaio. L'undicesimo.

ADAM Hai fatto qualcosa di speciale per il tuo compleanno?

HOWARD Niente di speciale. Ho cenato con la mia famiglia e gli amici a casa. È stato un po' noioso. Dobbiamo fare una festa per il tuo ventunesimo compleanno.

ADAM Certo. Non vedo l'ora. È il nostro tram che sta arrivando adesso?

HOWARD Sì, è nostro. La cosa buona è che il tram è molto frequente quindi non bisogna mai aspettare a lungo.

ADAM Oh, ho dimenticato di comprare un biglietto prima di salire. Verrò beccato e dovrò pagare una multa ?

HOWARD Niente panico. Compriamo velocemente il biglietto dalla biglietteria automatica. Successivamente, dovresti acquistare un biglietto semestrale per gli studenti perché è più economico che acquistare un biglietto singolo ogni volta.

ADAM Oh wow, allora ne vale davvero la pena.

HOWARD Ma non puoi comprarlo fino a quando non ricevi la tua carta dello studente all'orientamento lunedì. Per ora, ottieni un biglietto singolo. Qui, ti mostrerò come acquistarlo. Premi qui per il biglietto singolo. Paghi in contanti o con carta?

ADAM Proverò la mia carta. Se non funziona, pagherò in contanti. Quindi, inserisco la mia carta qui? Dove inserisco il numero di pin?

HOWARD Sulla tastiera, qui. Il biglietto viene stampato ed esce in fondo. Non dimenticare la ricevuta.

ADAM Oh, capisco. È meglio che tenga il biglietto nel portafogli, così non lo perdo.

Adam e Howard sono sul tram a parlare.

HOWARD Mi scusi. È libero questo posto?

PASSEGGERO Sì, si accomodi.

HOWARD Grazie. Prendi il posto vicino al finestrino, così puoi vedere un po' della città mentre viaggiamo.

ADAM Ok, grazie. Quante fermate prima di scendere?

HOWARD Solo sei fermate. Ci vorranno circa dieci minuti per raggiungere il centro della città.

ADAM Non è molto lontano. La metropolitana di Taipei è veloce ma ci vogliono ancora anni per arrivare dove stai andando. E non c'è niente da vedere fuori dalla finestra.

HOWARD Il sistema di tram qui è comodo e pulito. Funziona anche fino a tardi ogni sera per le persone che tornano a casa dal pub.

ADAM Forse ne avremo bisogno se restiamo fuori fino a tardi.

HOWARD Non ho programmi per domani.

ADAM Vedi se ci godiamo la prima birra e poi decidiamo.

Chapitre 4

La prima birra

Adam e Howard arrivano al bar di tapas ma c'è un problema.

HOWARD Questo è il ristorante di tapas dove volevo portarti.

ADAM Molto bello. Sarei passato davanti all'ingresso se non mi avessi detto che era qui.

HOWARD Sì, non è ovvio dall'esterno. Passiamo attraverso e vediamo cosa vogliamo mangiare.

ADAM Tante opzioni. Tutto ha un ottimo profumo. Non so se sarò in grado di decidere su una sola cosa.

HOWARD Allora prendi un sacco di piccole cose.

ADAM C'è un tavolo per sederci?

HOWARD No, l' area salotto è completamente piena. Non è un buon momento per venire qui. Dobbiamo aspettare un tavolo.

ADAM Troviamo un altro ristorante.

HOWARD Conosco un posto qui vicino. Penso che i loro budini dello Yorkshire siano i migliori di Nottingham. Molto croccante e tuttavia super umido.

ADAM Cos'è uno Yorkshire pudding? È un piatto tradizionale di Nottingham ?

HOWARD Viene dalla regione del nord dell'Inghilterra. Puoi ordinarlo nella maggior parte delle città della Gran Bretagna. È un po' come una frittella a forma di coppa. Solitamente vengono serviti come contorno di una cena a base di arrosto, ma è possibile ordinarli con diversi ripieni.

ADAM Sembra delizioso. Mi piacerebbe provarlo. Andiamo.

Adam e Howard arrivano al ristorante.

HOWARD Sembra troppo occupato dentro. Dobbiamo sederci fuori. È ok?

ADAM Sì, va bene. Stasera non fa così freddo come pensavo.

HOWARD Questa zona è protetta dal vento dagli edifici circostanti. Inoltre, hanno i riscaldatori all'esterno. Guarda, c'è un tavolo laggiù.

ADAM Presto, prendilo prima che arrivi qualcun altro.

HOWARD Ah perfetto. Proprio sotto il riscaldamento e con una splendida vista sulla strada per osservare la gente che passa. Ecco, prendi un menu.

ADAM Grazie. Questo posto è davvero carino. Non sono ancora abituato al tasso di cambio. I prezzi qui sono buoni?

HOWARD Sì, molto giusto. Sarai pieno da qualunque cosa tu ordini.

ADAM Voglio provare lo Yorkshire pudding ripieno di stufato di manzo, ma non mi piace mangiare molta carne.

HOWARD Puoi ordinare lo stufato di manzo e scegliere solo la carne.

CAMERIERA Buonasera. Vuoi ordinare qualcosa da bere prima?

HOWARD Vorremmo ordinare qualcosa da mangiare e da bere. Da bere, due pinte di Harvest Pale, per favore. Per mangiare, vorrei la zuppa e l'insalata fatte in casa.

CAMERIERA E per te?

ADAM Vorrei lo Yorkshire pudding con stufato di manzo, per favore.

CAMERIERA Desidera qualcos'altro?

ADAM No. Questo è tutto, grazie.

CAMERIERA Nessun problema. Tutto verrà subito.

ADAM Puoi dirmi dov'è il gabinetto?

CAMERIERA Direttamente sotto le scale laggiù.

ADAM Ottimo, grazie.

CAMERIERA Prego.

Adam torna al tavolo. Le bevande sono già arrivate. Cominciano a discutere delle rispettive famiglie.

HOWARD Congratulazioni per la tua prima birra in Inghilterra. Saluti!

ADAM Saluti!

HOWARD Cosa ne pensi? Ti piace?

ADAM È un po' strano. Immagino di non essere abituato a bere birra. Sono sicuro che mi piacerà prima di raggiungere il fondo del bicchiere.

HOWARD Allora, perché tua madre si è trasferita a Taiwan?

ADAM Ha incontrato mio padre a Taipei quando era in vacanza. I suoi genitori sono inglesi, ma è nato e cresciuto a Taiwan. Si tenevano in contatto e si facevano spesso visita. Dopo essersi sposati, hanno deciso di rimanere a Taiwan e crescere una famiglia.

HOWARD Hai fratelli e sorelle?

ADAM No, sono figlio unico. E tu?

HOWARD Ho un fratello maggiore e due sorelle minori. Vivono ancora tutti a Edimburgo, ma vengono a trovarci spesso. Hai dei parenti qui a Nottingham?

ADAM Ho uno zio da parte di madre. Ha due figlie; i miei cugini. Hanno 19 e 26 anni ed entrambi vivono ancora a Nottingham. Sono sicuro che li incontrerai quando verranno a trovarmi nel nostro appartamento.

HOWARD Sono belli ?

ADAM Certo! Ognuno è la mia famiglia è di bell'aspetto! Ma il più grande è già sposato e ha un figlio di 5 anni e una figlia di 9 mesi. Il più giovane è uno studente del primo anno all'università. Potresti anche averla vista al campus.

HOWARD Che aspetto ha?

ADAM È piuttosto bassa con gli occhi azzurri e lunghi capelli biondi ma avrebbe potuto tingerli e tagliarli corti. Sono sicuro che molte ragazze corrispondono a questa descrizione. Ho una foto sul telefono. Aspetta e ti faccio vedere.

HOWARD Wow, sì. Lei è carina!

ADAM Ed ecco una foto dell'altra mia cugina con i suoi figli.

HOWARD Anche lei è molto carina. Lascia che ti mostri una foto dei miei fratelli. Questa qui è Laura. Verrà a trovarci il mese prossimo per qualche giorno.

ADAM Molto carino. Non vedo l'ora di incontrarla. Lei è single?

Chapitre 5

La ragazza inglese

Adam e Howard si stanno godendo la cena quando sentono due donne che chiacchierano in inglese con accenti cinesi.

HOWARD Allora non hai una ragazza a Taipei?

ADAM No. Frequentavo una persona da qualche mese, ma si è trasferita in California per studiare alla Stanford University. Quindi, ci siamo lasciati. Il suo sogno è lavorare nella Silicon Valley.

CAMERIERA Va tutto bene?

HOWARD No, la zuppa non è abbastanza calda.

CAMERIERA Mi dispiace. Fammi scaldare. _ _ Lo riporterò subito.

HOWARD Grazie.

Dovresti parlare con delle ragazze del posto. Le ragazze accanto a noi sembrano cinesi, vero?

ADAM Credo che tu abbia ragione, anche se non so dire di quale paese siano.

HOWARD Mi presento.

ADAM Forza. Buona fortuna.

HOWARD Grazie, ne ho bisogno.

Scusami, sei cinese?

WINNIE No, io vengo da Taiwan e Agnes qui viene da Hong Kong.

HOWARD Fantastico, anche il mio amico Adam è di Taiwan. Vuoi unirti a noi per un drink?

WINNIE Certo. Abbiamo un'amica che presto si unirà a noi, quindi dovremmo tenere una sedia libera per lei quando verrà.

HOWARD Nessun problema. Mi chiamo Howard. Come ti chiami?

WINNIE Sono Winifred ma la gente mi chiama Winnie.

HOWARD Ciao Winnie. E so che tu sei Agnes. Ciao.

ADAM Nel caso non avessi sentito, io sono Adam. Piacere di conoscerti.

AGNES Allo stesso modo. Che ci fai qui a Nottingham? Stai solo viaggiando?

ADAM No, sto studiando qui per il semestre all'università. Sto imparando la storia locale e sto cercando di migliorare il mio pessimo inglese.

WINNIE Il tuo inglese è davvero buono. È divertente che siamo di madrelingua cinese eppure siamo seduti qui a parlare inglese.

HOWARD Quando a Roma come si suol dire. Allora, cosa fate voi due allora?

WINNIE Lavoriamo come ragazze alla pari per due famiglie locali.

Per me è un'opportunità per viaggiare in Europa guadagnando soldi. Non è qualcosa che voglio fare per il resto della mia vita.

AGNES Lo stesso per me. Amo viaggiare e ho sempre voluto lavorare con i bambini. Ho intenzione di lasciare presto il mio lavoro e tornare all'università per studiare insegnamento.

HOWARD Perché hai deciso di venire in Inghilterra?

AGNES Mio padre è di Londra e mi ha insegnato l'inglese sin da quando ero piccola, quindi sapevo che prima o poi sarei venuta in Inghilterra per vivere e lavorare. Ah ecco che arriva Emma. Emma!

EMMA Ciao ragazzi.

AGNES Questi sono i nostri nuovi amici. Questo è Howard di Edimburgo e Adam di Taiwan.

EMMA Piacere di conoscerti.

WINNIE Puoi sederti vicino ad Adam e raccontargli tutto di Nottingham. È appena arrivato oggi.

EMMA Oh, che bello. Benvenuti a Nottingham.

ADAM Grazie. È bello essere qui. Allora, vivi qui da molto?

EMMA Solo tutta la mia vita. A parte il mio viaggio annuale di famiglia nel Lake District, non ho mai lasciato Nottingham.

ADAM Oh, capisco. Devi amarlo qui allora.

EMMA Davvero. Ma è sempre stato il mio sogno vivere in Asia.

Adam ed Emma continuano a parlare in privato mentre gli altri tre parlano tra loro.

EMMA E io amo davvero i film. Vado al cinema almeno una volta al mese.

ADAM Anche io amo i film. Di solito esci con il tuo ragazzo?

EMMA No, solo con gli amici. E non ho un ragazzo. Cosa ne pensa la tua ragazza del fatto che studi all'estero per un semestre?

ADAM Non ho una ragazza. Se ne avessi uno, non credo che vorrei lasciarla per tre mesi.

EMMA Oh, quindi sei un ragazzo romantico?

ADAM Mi piace pensare di esserlo.

EMMA Mia madre mi ha messo in guardia dai ragazzi come te.

ADAM Perché? Cosa c'è di sbagliato nel romanticismo? Sono sicuro di poterla convincere che un po' di romanticismo va bene.

EMMA Lei scherza sul fatto che mi innamorerò di qualcuno e vorrò scappare con lui. Penso che voglia che io viva a casa per sempre. Non credo che tu abbia alcuna possibilità di convincerla. Ma potresti essere amico di mio padre. Ama parlare con gli stranieri. Comunque, domani devo alzarmi presto, quindi dovrei andare.

ADAM Forse possiamo incontrarci di nuovo e tu puoi dirmi di più sulla tua famiglia. Se hai tempo, ti va di pranzare con me sabato prossimo?

EMMA Solo noi due? Certo, ma non posso pranzare. Sono impegnato fino a sera.

ADAM Allora a che ora sei libero?

EMMA Dopo le 19 sono libera.

ADAM Ok, ci vediamo in Piazza del Mercato Vecchio alle 20:00. Va bene per te?

EMMA Sì, va bene. È tardi. Devo andare. Poi, fino a sabato sera.

ADAM Non vedo l'ora. Fino a sabato sera.

Chapitre 6

L'orientamento

Adam è all'università chiedendo ai passanti indicazioni per l'orientamento.

ADAM Mi scusi. Sto cercando di trovare un orientamento per i nuovi studenti. Sai dov'è?

VECCHIO UOMO Mi dispiace, non sono uno studente qui. Sono entrato solo per usare il bagno.

ADAM Ah, va bene. Grazie comunque.

Mi scusi. Sai dov'è l'orientamento?

GIOVANE DONNA Sì, c'ero anch'io. Vai dritto lungo questo corridoio e poi sali le scale a sinistra.

ADAM Le scale in fondo al corridoio o le prime scale che incontro?

GIOVANE DONNA Le scale in fondo. Possiamo andare insieme se vuoi?

ADAM No, no. Non voglio disturbarti. Grazie per il vostro aiuto, penso di poter trovare la strada.

GIOVANE DONNA Nessun problema. Se ti perdi, puoi chiedere a qualcuno con un badge con il nome.

Adam arriva all'orientamento e incontra un paio di studenti che stanno aiutando i nuovi studenti con la registrazione.

ADAM Mi scusi, è qui che devo registrarmi per la tessera dello studente e l'accesso a internet?

SARA Sì, lo è. In che facoltà sarai?

ADAM Sono uno studente di scambio per questo semestre. Sto studiando storia. Mi chiamo Adam Jackson.

SARA Ciao Adam. Sono Sara. E questo è Cameron. Preparerò il tuo accesso a Internet e Cameron ti aiuterà a ritirare la tua carta dello studente.

CAMERON Ciao Adam. Seguimi e ti faremo fare una foto per la carta dello studente. Quindi studi storia? In che anno sei tu?

ADAM Questo è il mio secondo anno ma sono qui solo per questo semestre.

CAMERON Ah davvero? Anch'io sto studiando storia al secondo anno. Parteciperemo a molte delle stesse lezioni insieme.

ADAM Oh bene. Ti piace studiare qui? È una bella università?

CAMERON Lo adoro. C'è un'atmosfera fantastica e i corsi sono davvero interessanti. Più tardi ti presenterò un paio di nostri compagni di classe.

ADAM Ma pensavo che le lezioni non inizino prima della prossima settimana?

CAMERON Esatto, ma alcuni di noi sono già qui in città, quindi pranziamo insieme.

ADAM Suona bene.

CAMERON Ok, questo è il posto in cui ti fai fotografare. Fai la fila qui e poi dai il documento di registrazione al fotografo. Aspetterò laggiù. È lì che ritiri la tua carta dello studente.

ADAM Ci vorrà molto per ottenere la carta?

CAMERON No, è quasi istantaneo. Avrai finito in un paio di minuti. È davvero veloce.

FOTOGRAFO Posso avere la sua carta di registrazione per favore?

ADAM Certo. Ecco qui.

FOTOGRAFO Ok, mettiti dietro la linea blu e guarda nella telecamera mentre inserisco il tuo ID di registrazione.

ADAM Quale linea blu? Oh, lo vedo. Hai uno specchio?

FOTOGRAFO Sì, ce n'è uno alla tua destra.

ADAM Oh, sono contento di aver controllato. I miei capelli sembrano orribili. C'è un po' di vento fuori.

FOTOGRAFO Sei pronto? Ora ti faccio una foto. 1...2...3... sorridi! Ok, la tua carta dello studente apparirà alla stampante in pochi secondi.

ADAM Proprio qui? Ah, eccolo. Grazie.

CAMERON Dovresti controllare che i dettagli sulla carta siano corretti.

ADAM Sembra tutto a posto. Anche se, vorrei poter riprendere la foto.

CAMERON Non preoccuparti, a nessuno piace la foto sulla tessera dello studente. Dovresti vedere quello sulla mia patente. Sembra che stia per starnutire.

ADAM Haha, forse la mia foto non è poi così male allora.

CAMERON Torniamo a Sarah e prendiamo il tuo nome utente Internet e la tua password temporanea.

ADAM Ok, certo.

CAMERON Sarah, l'accesso a Internet di Adam è pronto?

SARA Sì, tutto pronto per te Adam. Ecco qui. Questo qui è il tuo nome utente e la password temporanea. Puoi cambiare la password la prima volta che accedi. E in fondo c'è il tuo indirizzo email universitario.

ADAM Ottimo, grazie. Ti dispiace se accedo e cambio la mia password adesso? Non voglio provarlo da qualche altra parte e poi devo tornare per aggiustarlo.

SARA Siediti. Fammi uscire rapidamente e poi puoi accedere al mio computer.

ADAM Ok, quindi nome utente. E poi parola d'ordine. Nuova password. Reinserire la nuova password. Accedere. Ok, ci sto. Grazie mille. Puoi riavere il tuo computer. Ci scusiamo per il disturbo.

SARA Nessun problema. Esci, così posso accedere di nuovo.

CAMERON Ora sei a posto. Cosa devi fare adesso?

ADAM Voglio davvero vedere di più del campus, quindi stamattina farò una passeggiata.

SARA Buona idea. Ecco, ti darò una mappa del campus nel caso ti perdessi.

ADAM Ah, grazie. Questo è molto utile.

CAMERON E torna qui verso mezzogiorno e unisciti a noi per pranzo.

ADAM Va bene, lo farò. Ci vediamo.

Chapitre 7

I nuovi amici

Adam e i suoi compagni Cameron, Sarah, Gabriel e Lindsay si stanno godendo il pranzo insieme e parlano dei loro film preferiti.

CAMERON Allora, Adam, che tipo di film ti piacciono?

ADAM Amo le commedie. Il mio preferito è probabilmente *Pirate Radio.* La prima volta che l'ho visto, ho riso così tanto che ho pianto.

GABRIEL Oh, questo è un classico britannico. Ma il film ha un titolo diverso nel Regno Unito. Si intitola *La barca che dondolava.*

ADAM Wow, così diverso dal titolo taiwanese. Qual è il tuo genere di film preferito?

CAMERON Anche io amo le commedie, ma preferisco i film d'azione. Qualsiasi cosa con pistole ed esplosioni.

GABRIEL Sì, le scene di esplosioni nei film sono fantastiche. Più grande è, meglio è.

SARA Ach, i ragazzini adorano tutti i film d'azione stupidi. Non c'è nessuna storia.

LINDSAY Sono d'accordo. Non hanno mai neanche buoni attori.

CAMERON Almeno qualcosa sta accadendo sullo schermo. Molto meglio di una coppia che parla dei propri sentimenti per due ore.

SARA Non ho detto che mi piacciono i film romantici. Solo che i film d'azione sono stupidi. Se vuoi saperlo, il mio film preferito è *The Shawshank Redemption* con Morgan Freeman.

ADAM Non lo conosco. È buono?

SARA È il miglior film di sempre. Sono sicuro che l'hai visto. Il protagonista evade dal carcere.

ADAM Ah ok. Certo, lo conosco. Penso che sia il preferito di molte persone.

GABRIEL Ha un titolo diverso a Taiwan?

ADAM A Taiwan si chiama *1995: Fantastico.*

LINDSAY Wow, che strano titolo!

GABRIELE Molto strano. Tuttavia, Shawshank Redemption non significa nulla fino a quando non guardi il film.

ADAM Esattamente. Qualcuno di voi è stato al cinema di recente? Ci sono un paio di bei film in programma in questo momento.

LINDSAY Sono andato la scorsa settimana con mia sorella a vedere il nuovo dramma di Christopher Nolan. È un regista brillante.

GABRIEL I registi hanno troppo credito. Se la sceneggiatura è pessima, allora non importa quello che fa il regista, non può fare in modo che il film abbia successo.

CAMERON Non sono d'accordo. Diciamo che ci sono due film con buoni scrittori. Uno ha un buon regista e uno ha un cattivo regista. Quindi sarà ovvio qual è il film migliore.

GABRIEL Ottima osservazione. Ma credo che gli attori siano i fattori più importanti per realizzare un buon film.

SARA Sì, non guarderò un film se la recitazione è davvero pessima. Sono persino uscito da un film prima.

ADAM Come si chiama il film?

SARA Non dirò solo nel caso ti piaccia. Non voglio offenderti.

ADAM Ahah, nessun problema. Sono sicuro che non mi offenderei. Ci sono molti film che mi piacciono che i miei amici mi odiano e mi prendono in giro perché mi piacciono.

GABRIEL Basta con i film. Qualcuno ha visto l'orario di questo semestre? Abbiamo il lunedì e il giovedì totalmente gratuiti. È ottimo.

SARA Beato te. ho _ lezioni tutti i giorni, anche il lunedì devo entrare solo per un'ora di lezione alle 9, poi sono libero il resto della giornata. Immagino che mi dia una ragione per alzarmi il lunedì mattina.

ADAM Oh, pensavo studiassi anche storia?

SARA No, no. La mia specializzazione è matematica.

LINDSAY Mi piace che abbiamo due giorni liberi. Scusa Sara. Ma significa che posso cambiare il mio orario di lavoro, quindi lavoro solo otto ore due giorni alla settimana più il fine settimana invece di quattro ore al giorno distribuite su quattro sere.

CAMERON Lavori ancora al negozio di giocattoli ?

LINDSAY Sì. Ho lavorato a tempo pieno durante l'inverno. Era così impegnato con la gente che impazziva per lo shopping natalizio. È stato bello ottenere soldi extra però.

ADAM Avete tutti lavori part-time ?

GABRIELE No. Suono la chitarra in una band e a volte riceviamo concerti nel fine settimana. Con questi due giorni liberi posso esercitarmi molto di più.

LINDSAY Oltre a studiare molto di più. Basta copiare dai miei appunti come hai fatto lo scorso semestre. vero Gabriele?

GABRIEL Naturalmente Lindsay. Ma i tuoi appunti sono sempre così belli. Dovresti essere lusingato.

CAMERON E tu, Adam? Cosa farai di questi due giorni liberi?

ADAM Davvero non mi aspettavo di avere questo tempo libero. Pensavo che sarei stato impegnato in classe tutto il tempo. Forse cercherò anche un lavoro part time. Non credo che sarò motivato a studiare se non devo venire all'università.

SARA È come me. Se non sono qui, non ho voglia di studiare a casa. Immagino che il mio orario sia migliore del tuo allora.

GABRIEL Meglio se sei un fanatico. Peggio se hai una vita sociale come me. Il nostro orario è decisamente migliore.

LINDSAY Non ascoltarlo Sarah. È solo geloso del fatto che otterrai voti molto migliori dei suoi.

GABRIEL Chi ha bisogno di buoni voti quando sei una rockstar internazionale?

LINDSAY Pff, hai scritto solo due canzoni originali. Per lo più canti canzoni di altre band.

GABRIEL Beh, con i due giorni in più, posso scrivere più canzoni. Canzoni più fantastiche direi.

CAMERON Potresti scrivere una canzone a settimana e poi forse la tua band può registrare un album alla fine del semestre.

GABRIELE Esattamente. E diventerà un grande successo. Poi vedremo quanto sono importanti i voti.

SARA Ok, torniamo alla realtà. Andiamo Cameron. Dovremmo tornare all'orientamento.

CAMERON Certo, Sarah. Adam, ci riuniamo di nuovo mercoledì a pranzo al Lace Market, ti va di unirti a noi?

ADAM Certo, suona alla grande. Ora vado in biblioteca, quindi tornerò con voi ragazzi.

Chapitre 8

La città di Nottingham

Adam e i suoi compagni di classe stanno passeggiando per il Lace Market nel centro di Nottingham.

CAMERON Adam, devi provare gli hamburger qui. Sono i migliori.

ADAM Ah sì? Che tipo hanno?

CAMERON Raccomando il tedesco con crauti alla griglia e senape in cima. Delizioso.

ADAM Bene, adoro i crauti.

PRISHA Ehi, scusa il ritardo. Ragazzi, avete già mangiato?

GABRIEL No, ti stavamo aspettando. Questo è Adam, il nostro nuovo compagno di classe questo semestre. Adam, ti presento Prisha.

PRISHA Piacere di conoscerti Adam. Sono sicuro che ci

conosceremo più tardi, ma in questo momento sto morendo di fame. Mangiamo.

CAMERON Stavo giusto dicendo ad Adam qual è l'hamburger migliore.

PRISCIA Oh, capisco. Bene, vado a prendere un hamburger di tofu.

ADAM Hmm, un hamburger di tofu suona bene.

CAMERON Adam, no. Non riceverai un hamburger di tofu durante la tua prima visita all'Annie's Burger Shack. Devi prendere un vero hamburger, o sarai fuori dal gruppo per sempre!

ADAM Wow, gruppo tosto. Ok, allora prendo il tedesco.

CAMERON Bene. Questo è un tedesco per te e un classico per me. Lindsay, cosa prendi?

LINDSAY Oh, non riesco a decidere. Forse prenderò solo una ciotola di patatine.

CAMERON Ok Adam, per ora ordiniamo solo il nostro. Lindsay e Gabriel non hanno ancora deciso e Prisha può ordinare lei stessa il suo hamburger di cartone.

ADAM Non ho contanti. Posso pagare con la mia carta?

CAMERON Tieni i tuoi soldi. È un onore per regalarti il tuo primo hamburger da Annie's.

Il gruppo ha terminato il pranzo e sta per entrare nella chiesa locale.

PRISHA Yum. Adoro l'hamburger di tofu da lì.

ADAM Sembrava gustoso. Forse lo prenderò la prossima volta.

PRISHA Lo consiglio vivamente. Allora, sei già stato in questa chiesa?

ADAM Non ancora. Ci sono passato davanti un paio di volte ma non ero sicuro che fosse aperto al pubblico.

PRISCIA Potrei sbagliarmi, ma penso che sia sempre aperto. Lindsay, conosci gli orari di apertura della chiesa?

LINDSAY Penso che sia aperto durante il normale orario lavorativo. Quindi forse fino alle 17:00. Almeno fino alle 15:00 di sicuro.

PRISCIA Finché è aperto ora, questa è la cosa principale.

ADAM Sì, non vedo l'ora di vedere dentro se è bello come fuori.

GABRIEL Aprirò la porta a tutti voi. Entra. L'età prima della bellezza.

LINDSAY Andiamo. Il tuo compleanno è un giorno dopo il mio.

GABRIEL Sì, ma temo che il detto significhi che dobbiamo ancora entrare secondo l'età e la bellezza, con la più giovane e la più bella alla fine, io!

LINDSAY Mi dispiace, Adam. Scommetto che vorresti non averci mai incontrato.

ADAM Va bene. Mi sto divertendo. E la chiesa è davvero fantastica. È difficile credere alla quantità di lavoro che è stata necessaria per costruire qualcosa del genere e poi tutti i piccoli dettagli sono semplicemente perfetti.

CAMERON Amo particolarmente tutte le vetrate colorate. Non potresti mai immaginare quanto fossero fantastici dall'esterno.

ADAM Avrei dovuto portare la mia macchina fotografica.

CAMERON Usa solo quello sul tuo telefono.

ADAM Ah, intendo la mia macchina fotografica professionale. Avrebbe catturato perfettamente la luce ambientale qui.

GABRIELE Sciocchezze. Ho un'app sul mio telefono che può aggiungere filtri alle foto. Ecco, guarda. Vedi?

ADAM Bello. Ma dubito che starà bene sul computer. Whoa, quegli organi sono sbalorditivi. È incredibile che possano essere installati in un modo unico come quello. Sembra moderno nonostante abbia probabilmente centinaia di anni. Tornerò sicuramente qui con la mia macchina fotografica.

Il gruppo ha lasciato la chiesa e sta passeggiando per la Piazza del Mercato Vecchio.

CAMERON Vedi quella fontana laggiù?

ADAM L' ho notato lo scorso fine settimana ma era sera e dentro non c'era acqua.

GABRIELE Puoi berne. Vai avanti.

PRISCIA Non ascoltarlo, Adam. È un idiota.

CAMERON Ha ragione. Le fontane qui sono state utilizzate per l'acqua potabile in un punto. Era nel nostro libro di testo.

PRISCIA Non vorresti bere da loro al giorno d'oggi. Troppo sporco. Ora sono fondamentalmente solo un'attrazione turistica.

LINDSAY In estate, vedi bambini e cani che ci sguazzano addosso.

PRISCIA Sì, hanno quelle barchette con cui giocano i bambini.

Guarda là, quel ragazzo con la giacca blu ne ha uno.

ADAM Oh sì, capisco cosa intendi. Spero che non cada, l'acqua è probabilmente gelata.

CAMERON Tua madre non è di Nottingham, Adam? Non ti ha parlato di questa fontana o non ti ha mostrato delle foto?

ADAM Lei non ha detto nulla al riguardo. E non ho mai chiesto. Ma sono contento di non averlo chiesto perché così posso scoprire tutto da solo. Come questa graziosa fontana.

LINDSAY E c'è una superstizione secondo cui se cadi accidentalmente in questa fontana, allora sposerai un locale.

GABRIELE L'ho sentito anch'io. Che mucchio di sciocchezze! Se conosci la superstizione e sei caduto accidentalmente nella fontana, allora potresti semplicemente evitare le donne di Nottingham.

LINDSAY Penso che dovresti stare molto attento a non cadere nella fontana. Sarebbe un vero peccato per un Nottinghamiano essere bloccato con te!

Chapitre 9

Il grande magazzino

Dopo pranzo, Adam va al grande magazzino cercando di comprare un cuscino. Una commessa si avvicina e si offre di aiutare.

COMMERCIATA Buona giornata. Posso aiutarla?

ADAM Buon giorno. Potresti dirmi quanto costa questo cuscino? Non riesco a trovare il cartellino del prezzo.

COMMERCIATA Certo. Quella costa novantacinque sterline e novantanove penny.

ADAM Whoa, quasi cento sterline per un cuscino. Perché costa così tanto?

COMMERCIATA Non è molto. Infatti, è uno dei nostri modelli di fascia media.

ADAM Ok, ma cos'ha di così speciale?

COMMERCIATA È imbottito con piume d'oca europea e l'esterno è realizzato al cento per cento in cotone organico.

ADAM Ma anche questo qui dice che ha piume d'oca ed è biologico ma costa settantanove sterline.

COMMERCIALE La differenza è il thread count. Maggiore è il numero di thread, più costoso sarà.

ADAM Non credo che mi importi. Voglio solo qualcosa di solido.

COMMERCIATA Beh, bisogna considerare la comodità. Dopotutto, ci dormirai sopra per circa otto ore ogni notte.

ADAM Sì, ma cento sterline sono comunque un grosso investimento.

COMMERCIATA Ok, allora qual è il tuo budget?

ADAM Speravo di comprare qualcosa per una ventina di sterline.

COMMERCIATA Il nostro modello più elementare costa ventiquattro sterline e novantanove pence. È realizzato con piume e materiali sintetici.

ADAM Me lo fai vedere?

COMMERCIATA Certo, eccolo.

ADAM Oh, non arriva nemmeno in un sacchetto protettivo. È solo seduto libero sullo scaffale. Immagino che molte persone l'abbiano già toccato.

COMMERCIATA Certo. Ma non consiglierei comunque questo cuscino. Sebbene sia economico, non fornirà il supporto che stai cercando.

ADAM Non credo che sia economico ma sembra fatto a buon mercato. E non è affatto fermo come hai detto.

COMMERCIATA No, non ne vendiamo molti. Lascia che ti mostri un modello migliore che è in vendita al momento.

ADAM Sarebbe fantastico, grazie.

COMMERCIATA Questa qui pesava sessantadue sterline, adesso solo quarantanove sterline e cinquanta penny.

ADAM Ah ok. Non è un gran sconto. Hai qualcosa che è stato ridotto ancora di più?

COMMERCIATA Sì, ce n'è un'altra che conosco. Questo qui è scontato del quaranta percento. Ora solo quarantaquattro sterline.

ADAM Ok, e vedo che ha anche le piume d'oca e il cotone biologico. Non è solo una caratteristica di tutti i tuoi cuscini?

COMMERCIATA Non tutto. Abbiamo cuscini in schiuma che si adattano alla forma della tua testa.

ADAM Hmm, suona bene. Ne ho sentito parlare ma non ne ho mai provato uno. Li consigli?

COMMERCIATA Sì, lo voglio. Personalmente non ne uso uno, ma ho sentito molte recensioni positive da persone che lo fanno.

ADAM E a quanto li vendi?

COMMERCIATA La nostra collezione di cuscini in gommapiuma parte da cinquantanove sterline.

ADAM Sono solo quindici sterline in più del cuscino scontato. Posso vederlo?

COMMERCIATA Questo è qui, ma non posso permetterti di tirarlo fuori dalla borsa. È possibile toccare questo modello di display.

ADAM Oh sì, questo è bello e deciso.

COMMERCIATA E dovrebbe mantenere questo livello di fermezza per tutta la durata del prodotto.

ADAM Bene. Anche se rimarrò solo per il semestre e dubito che lo porterò a casa con me. Ma se pago così tanto per un cuscino, forse dovrei portarmelo a casa.

COMMERCIATA Sì, è una buona idea. Se vuoi, posso portare questo alla cassa per te e puoi pagare dopo aver finito di fare acquisti?

ADAM Un momento. Ho una domanda. Posso provare il cuscino per qualche notte e poi restituirlo se non va bene ?

COMMERCIATA Gli articoli devono essere restituiti nelle loro condizioni originali per il cambio.

ADAM Sì, ma posso avere un rimborso anche se utilizzo il cuscino?

COMMERCIATA Per uno scambio, temo che dovresti restituire il cuscino mentre è ancora nella borsa e non è stato utilizzato.

ADAM Ok, non mi sembra giusto. Inoltre, non riavrei indietro i miei soldi, dovrei cambiare. È giusto?

COMMERCIATA Sì, esatto. Ma poi puoi scegliere l'altro cuscino con le piume. Quindi, dovrei metterlo alla cassa per te?

ADAM Vorrei pensarci ancora un po'.

COMMERCIATA Non dovresti aspettare così a lungo perché la vendita potrebbe finire. È meglio comprarlo ora.

ADAM Veramente, mi guarderò intorno ancora e poi tornerò, ok?

COMMERCIATA Quando torni?

ADAM Non ne sono sicuro, forse più tardi o un altro giorno.

COMMERCIATA Ok, nessun problema. Quando torni, chiedi di Sandra.

ADAM Ok, ma non so quando o se tornerò. Grazie per l'aiuto. Arrivederci.

Chapitre 10

Il primo appuntamento

È sabato sera ed Emma è arrivata con 20 minuti di ritardo per il suo appuntamento con Adam.

EMMA Scusa sono in ritardo. C'era molto traffico.

ADAM Non c'è problema. Non stavo aspettando a lungo. Aspettare; non hai preso il tram?

EMMA Ok, mi hai preso. In realtà ho impiegato troppo tempo per prepararmi. Come stai?

ADAM Sto bene grazie. E tu?

EMMA Bene anche tu.

ADAM Ehm, hai in mente un ristorante in cui vorresti mangiare?

EMMA Non proprio. Non sono così affamato.

ADAM Ok. Ho sentito di un posto che fa tutti i diversi tipi di torta, se vuoi provarla ?

EMMA Certo. Qualunque cosa tu voglia per me va bene.

ADAM Ok, andiamo. Penso che sia solo quaggiù. Sei davvero carina stasera.

EMMA Non proprio. Ho appena messo qualcosa addosso.

ADAM Ma questo vestito ti sta proprio bene. Mi piace. E da dove hai preso quella collana ?

EMMA Erano le mie nonne. Me l'ha regalato per il mio diciottesimo compleanno.

ADAM Oh bello. Tua nonna vive ancora a Nottingham?

EMMA Sì, vado sempre a trovarla. È davvero divertente parlare con lei. Oh, stavi pensando a questo posto? Sono stato qui solo una volta prima. Questa volta sarà bello provare un altro piatto dal menu.

ADAM Ottimo. Sono contento che ti sia piaciuto e non mi dispiace tornare. Ecco, lascia che ti apra la porta.

EMMA Che gentiluomo!

Adam ed Emma si sono seduti e stanno guardando il menu.

ADAM Allora, cos'hai preso l'ultima volta?

EMMA Ho ordinato lo speciale della casa. Dentro c'è stufato di manzo e purè di patate.

ADAM Oh, sembra gustoso. Stavo pensando all'hawaiano. Adoro l'ananas.

EMMA Ottima scelta. Penso che mi piacerebbe anche provarne uno che questa volta non venga con il sugo. Forse l' erba italiana con pomodori e formaggio cheddar.

ADAM Oh sì, ho pensato anche a quello. Perché non prendiamo l'erba hawaiana e quella italiana e poi le condividiamo? Tu prendi metà della mia e io prenderò metà della tua.

EMMA Ok, è un affare. E spero che tu possa aiutarmi a prendere alcune delle mie patatine. Non credo di poter mangiare così tanto.

ADAM Certo che posso aiutarti. Quindi, danno grandi porzioni qui?

EMMA Non particolarmente grande ma troppo grande per me. Normalmente non mangio così tanto. Sto cercando di perdere peso.

ADAM Non devi preoccuparti. Hai un corpo fantastico. Ehm, voglio dire che non sei affatto grasso.

EMMA Ahah, grazie. Lo dici solo per essere gentile.

ADAM No, davvero. I tuoi vestiti ti stanno perfettamente. Il tuo vestito stasera è molto carino.

EMMA Sì, l'hai già detto.

ADAM Beh, è vero.

EMMA Comunque basta parlare di me, chiamiamo la cameriera.

ADAM Ahah, ok. Eccola che arriva ora.

EMMA A proposito, sei carina anche stasera.

ADAM Grazie.

Dopo il pasto, Adam ed Emma sono fuori dal ristorante a parlare.

ADAM È una bella notte. Ti accompagno a casa.

EMMA Sei sicuro? È nella direzione opposta rispetto a casa tua. Posso solo prendere il tram.

ADAM Non c'è problema. Comunque, voglio assicurarmi che torni a casa sano e salvo.

EMMA Oh, quindi pensi di potermi proteggere?

ADAM Certo che posso. Vado in palestra sai. Beh, ho intenzione di andare almeno in palestra.

EMMA Oh, allora forse sono io che devo proteggerti.

ADAM Ok, prima puoi accompagnarmi a casa allora. Solo scherzando. È così?

EMMA Sì, giù per questa strada e poi è una strada dritta fino al mio appartamento. È piuttosto buio però, hai bisogno che ti tenga la mano finché non arriviamo?

ADAM Ahah, forse.

EMMA Oh, non preoccuparti. È una bella zona. Non succederà nulla.

ADAM Teniamoci comunque per mano. Anche solo per equilibrio.

EMMA Whoa, che romantico. Non riesci a stare in equilibrio da solo?

ADAM Te l'ho detto, ho solo intenzione di andare in palestra. Non ho ancora iniziato. Guarda, guarda cosa succede quando non mi stringi la mano.

EMMA Oh sì, capisco. Fai attenzione ai tuoi passi, non vuoi entrare accidentalmente nella fontana.

ADAM Quale fontana? Woah!

EMMA Attento!

Bonus

Adam invia un'e-mail a suo padre raccontandogli cosa ha fatto nell'ultima settimana.

A: m.jackson@internet.com
Oggetto: La mia prima settimana a Nottingham

Hi papà,

Dato che sono in Inghilterra, ti scriverò in inglese. sono arrivato! È stata una settimana fantastica. Vado molto d'accordo con il mio nuovo coinquilino, Howard. È di Edimburgo. Siamo andati a cena la prima sera e ho mangiato lo Yorkshire pudding. È stato delizioso. Ti sarebbe piaciuto moltissimo. E ho bevuto la mia prima birra inglese. La birra inglese è fantastica. Penso che sapessi già che te l'avrei detto!

I miei compagni di classe sono davvero fantastici. Abbiamo girato insieme per Nottingham e ho avuto modo di conoscerli davvero. Ho intenzione di andare in palestra con uno di loro e lui dice che mi aiuterà a ingrassare. Ho anche conosciuto una ragazza inglese. Il suo nome è Emma. Siamo usciti insieme ieri sera e spero di rivederla il prossimo fine settimana. Mi ha parlato così tanto di Nottingham. Non vedo l'ora di scoprire di più su questa città con lei. Volevo fare una foto con lei a cena, ma mi stavo divertendo così tanto che me ne sono dimenticato.

Ho sentito che le persone in Inghilterra a volte sono maleducate, ma tutti sono stati davvero amichevoli. Non so da dove prendano questa reputazione. Anche se sono andato a comprare un cuscino nei grandi magazzini e la commessa è stata molto invadente. Ma penso che questo sia normale per i venditori ovunque, non solo in Inghilterra. Ad ogni modo, Howard e io andremo all'IKEA la prossima settimana e comprerò un cuscino da lì. La prossima settimana andrò anche con la mamma a vedere i miei padrini, quindi dovrebbe essere divertente.

Che cosa hai fatto? Sei solo lì senza me e la mamma o ti piace avere tutta la casa tutta per te?

Amore,
Adam

Chapitre 11

Il primo giorno del semestre

Adam è a una conferenza per conoscere la storia di Nottingham.

PROF. MACBRIDE Nottingham fu fondata nel settimo secolo ed era conosciuta come la città delle grotte.

ADAM Psst Cameron, cosa significa grotte ?

CAMERON Intende dire che Nottingham ha molte abitazioni sotterranee.

ADAM Ah, quindi qui la gente scavava le case sottoterra?

CAMERON Esattamente.

PROF. MACBRIDE La Nottingham University è stata la prima università civica di Nottingham; aprì nel centro della città nel 1881. Ma fu solo tre anni dopo la seconda guerra mondiale che l'università divenne davvero famosa. Qualcuno può dirmi perché questo è notevole? Sì, tu in prima fila. Per favore, quale è il tuo nome?

HANNAH Mi chiamo Hannah Schofield.

PROF. MACBRIDE E può dirmi signorina Schofield perché il 1948 è stato un anno speciale per la nostra università?

HANNAH È quando l'università può finalmente rilasciare lauree?

PROF. MACBRIDE Esatto. L'università è cresciuta rapidamente dopo aver attraversato alcuni periodi sfortunati negli anni precedenti, come sicuramente tutti saprete.

TIMOTHY Professor MacBride, è successo qualcosa all'università durante la seconda guerra mondiale ?

PROF. MACBRIDE E il tuo nome è?

TIMOTHY È Timothy Jensen.

PROF. MACBRIDE Bene, signor Jensen. La città di Nottingham è stata effettivamente bombardata molte volte. Ma ci furono due giorni di attacchi molto gravi l'8 e il 9 maggio 1941. Qualcuno vorrebbe parlare al pubblico di questi attacchi? Sì, tu dietro. Per favore, dì il tuo nome e poi dicci quello che sai.

ADAM Mi chiamo Adam Jackson. Non so nulla dei danni alla città durante questo attacco, ma ho sentito che gli inglesi hanno creato alcuni diversivi che hanno salvato molte persone.

PROF. MACBRIDE Grazie signor Jackson. Ed è un accento cinese quello che rilevo?

ADAM Sì, vengo da Taipei.

PROF. MACBRIDE Bene, signor Jackson, lei ha ragione. Furono accesi fuochi nei campi nel nord della città per deviare l'esercito tedesco lontano dalle zone residenziali. Sì, la persona seduta accanto al signor Jackson. Hai qualcosa da aggiungere ?

CAMERON Sì, professore. Ho sentito che due mucche e diverse galline hanno perso la vita. Oh, scusa, mi chiamo Cameron, Cameron Delacroix.

PROF. MACBRIDE Davvero una triste perdita. Grazie per quella curiosità, signor Delacroix. Come spesso accade in guerra, la creazione di diversivi può ridurre significativamente le vittime. Intendo naturalmente vittime umane. Studieremo di più su questo fenomeno in questo semestre. Qualcuno sa a cosa sta oggi la popolazione di Nottingham?

HANNAH Sono circa 100.000?

TIMOTHY Direi che è più simile a 150.000.

PROF. MACBRIDE Non proprio. Qualcun altro vorrebbe indovinare? Sì, tu con la maglia rosa.

PING Mi chiamo Ping Dong. È mezzo milione?

PROF. MACBRIDE Grazie signor Dong. Inoltre non è corretto. Ok, ragazzi, per favore alzate la mano se pensate che sia più di 300.000. E ora meno di 300.000. Ok, bene, le persone che hanno detto meno di hanno ragione.

TIMOTHY Signor MacBride, ho appena cercato online e dice che ci sono circa 290.000 persone.

PROF. MACBRIDE Ah, tecnologia. Esatto, signor Bensen.

TIMOTHY Sono Jensen, signor MacBride.

PROF. MACBRIDE No, ti ho cercato online e dice Bensen. Pertanto, Internet ha ragione, non tu. Sto scherzando, ovviamente. Voglio solo sottolineare che non dovresti fidarti al 100% di tutto ciò che leggi su Internet. È importante che tu studi i veri libri di storia in biblioteca per superare questo corso.

Più tardi, Adam e Cameron stanno discutendo della conferenza del professor MacBride.

ADAM È stata una conferenza interessante. Penso di essere ora ancora più orgoglioso di studiare qui in questa università.

CAMERON Anch'io. E cosa ne pensi del professor MacBride?

ADAM Mi piace. Ha un buon senso dell'umorismo.

CAMERON Hai capito tutto quello che ha detto?

ADAM C'erano alcune parole che non capivo, ma non molte.

CAMERON Puoi sempre chiedere a me oa uno dei ragazzi se non conosci nessuna delle parole. Il professore ha un ampio vocabolario e gli piace usare paroloni.

ADAM Sì, lo fa. In realtà mi aspettavo di capire meno, quindi sono rimasto sorpreso da quanto ho capito.

CAMERON Almeno parla chiaramente. E sei stato in grado di capire il suo umorismo. Quindi è impressionante.

ADAM Le battute sono importanti nel linguaggio. Non vorrei essere l'unico a non ridere.

CAMERON Bene, speriamo che tutti i nostri corsi siano interessanti come questo. Cosa hai adesso?

ADAM Sono libero per un'ora, poi ho una conferenza sulla società inglese prima della prima guerra mondiale. E tu?

CAMERON Adesso vado in biblioteca a vedere se hanno quel libro che mi ha consigliato il professore. Spero che qualcuno non l'abbia ancora preso.

ADAM Sono sicuro che hanno molte copie di tutti i libri consigliati. Ma forse dovrei venire con te ora, altrimenti sarò l'unico a non capirlo.

CAMERON E se nessuno di noi ne riceve una copia allora cercheremo tutto online, giusto!?

ADAM Ahah, sì. Il professor MacBride sarà sicuramente orgoglioso di noi se lo faremo!

Chapitre 12

La cena in famiglia

Adam e alcuni membri della sua famiglia stanno cenando insieme a casa del nonno di Adam.

SIGNORA. JACKSON Per l'amor del cielo, Marie, guarda quanto cibo hai preparato. Siamo solo in cinque. Come lo mangeremo tutto?

ZIA MARIA Oh, in realtà non è niente. Ad ogni modo, Adam sembra troppo magro. Ha bisogno di mangiare cibi fatti in casa più nutrienti.

SIGNORA. JACKSON È vero. Dio solo sa cosa mangia quando è all'università con i suoi amici.

ADAM Mangio sempre sano. Ma questa sembra fantastica, zia Marie.

SIGNORA. JACKSON Sembra più buono del cibo che preparo per te?

ADAM Certo che no mamma, il tuo è il migliore.

SIGNORA. JACKSON Devi dirlo ma grazie comunque.

ZIO ROBERT Non essere gentile. Inizia a mangiare.

ZIA MARIA Aspetta un momento. Prima di mangiare, facciamoci una foto di famiglia insieme attorno al tavolo. Chissà quando tu e Adam tornerete a trovarci di nuovo.

SIGNORA. JACKSON Adam, siedi vicino al nonno davanti.

NONNO HAMILTON Gli uomini belli davanti, vero Adam?

ADAM Esattamente nonno.

ZIO ROBERT Allora dovrei sedermi anch'io davanti.

ZIA MARIA Sogna Robert! Tu stai dietro con tua sorella e me. Ok, la fotocamera è pronta.

SIGNORA. JACKSON Non hai premuto il timer. Come farai la foto?

ZIA MARIA Il mio telefono è connesso a questo telecomando tramite Bluetooth. Devo solo premere questo pulsante sul telecomando e il mio telefono scatta la foto.

SIGNORA. JACKSON Oh, che intelligenza!

ZIA MARIA Tutti sorridono. Ne prenderò alcuni e poi eliminerò quelli cattivi in seguito. Nonno, te ne stamperò una buona e la metterò in una cornice, ok?

NONNO HAMILTON Fantastico. Non ho nessuna foto di me e mio nipote insieme.

ZIO ROBERT Il cibo si sta raffreddando, mangiamo. Ecco Adam, prendi una salsiccia.

ADAM Grazie zio Robert. Puoi passare le patate?

ZIO ROBERT Certo. Allora, hai già incontrato qualche ragazza inglese?

ZIA MARIA Non importa. Cosa ne pensi di Nottingham? È bellissimo, vero?

ADAM Molto bello. Più di quanto mi aspettassi.

ZIA MARIA Mi assicurerò che i tuoi cugini ti contattino e ti mostrino in giro.

NONNO HAMILTON Cosa ne pensi della salsiccia? È saporito? È meglio della salsiccia taiwanese?

ADAM Decisamente molto meglio che a Taiwan. Lo stile taiwanese non può essere paragonato.

ZIO ROBERTO Felice di sentirlo. Scava dentro. Prendi quanti ne vuoi.

SIGNORA. JACKSON E questo sugo? L'hai fatto tu o è da un pacchetto?

ZIA MARIA L'ha fatto il nonno. È una ricetta segreta di famiglia.

SIGNORA. JACKSON Perché non mi hai insegnato la ricetta, papà?

NONNO HAMILTON Voglio che la ricetta rimanga in Inghilterra. Se ti trasferisci qui definitivamente, Adam, te lo insegnerò io. È un affare?

ADAM Haha, nonno molto allettante.

ZIO ROBERTO Ora hai un altro motivo per trovarti una ragazza a Nottingham.

SIGNORA. JACKSON È troppo presto per pensare alle fidanzate. Concentrati sul completamento dei tuoi studi, quindi puoi iniziare a frequentarti.

ZIA MARIA Esattamente. Ho detto la stessa cosa a Lisa. Non credo che lei mi ascolti però. Esce sempre con le sue amiche, quindi sono sicuro che esce con lei.

ZIO ROBERTO Sempre che non porti a casa nessun ragazzo.

ZIA MARIA Prende buoni voti, quindi non ci importa che passi il tempo con i suoi amici. Mangia Adam. Ce n'è per tutti. Prendi quanto vuoi.

ADAM Grazie zia Maria. In realtà mi sto riempiendo.

ZIA MARIA Ricorda di lasciare spazio per il crumble di mele e la crema pasticcera.

NONNO HAMILTON C'è sempre spazio per il crumble di mele e la crema pasticcera.

ZIO ROBERTO Tuo nonno dice sempre che ha uno stomaco in più soprattutto per il dolce. Ti piace il cibo dolce?

ADAM Lo adoro. I dessert qui sono incredibili. Molto più dolce dei dessert taiwanesi.

ZIA MARIA Sono contento che tu l'abbia detto perché il crumble è particolarmente dolce.

ADAM Grande. Ho sempre voluto provare un autentico crumble di mele dall'Inghilterra.

SIGNORA. JACKSON Nessuno per me. Non ho fatto altro che mangiare da quando sono arrivato qui la scorsa settimana. Devo mettermi a dieta, altrimenti sarò troppo grasso per salire sull'aereo.

ZIO ROBER T Forse solo un piccolo pezzo anche per te Adam. Alle ragazze non piacciono i ragazzi con la pancia grassa. Preferiscono un ragazzo con una confezione da sei.

NONNO HAMILTON Fai solo quello che ho fatto. Trova una bella donna mentre sei in forma e magro. Quindi dopo esserti sposato puoi mangiare tutta la torta che vuoi.

SIGNORA. JACKSON Papà, non essere così rozzo.

NONNO HAMILTON Non ero solo io. Anche tua madre è ingrassata!

Chapitre 13

La palestra

Adam chiama Emma per dirle che si è divertito al loro appuntamento e se le piacerebbe rivederlo nel fine settimana.

ADAM Ciao Emma, questo è Adam.

EMMA Ciao Adam, è bello sentirti!

ADAM Volevo solo chiamarti e dirti quanto mi sono divertito a cena con te.

EMMA Mi sono divertita anch'io. Grazie per avermi portato in quel ristorante.

ADAM E mi chiedevo se ti andrebbe di fare una passeggiata per Nottingham con me sabato ? Se sei libero, ovviamente.

EMMA Mi piacerebbe unirmi a te e mostrarti la mia città. Potremmo magari portare il pranzo e fare un picnic nel parco?

ADAM Sì, è un ottimo suggerimento. Facciamolo.

EMMA Ok, benissimo. A che ora vuoi incontrare?

ADAM Stavo pensando forse verso le 10.

EMMA Qualunque sia il momento migliore per te. Sono libero tutto il giorno.

ADAM Allora abbiamo tutta la mattina e il pomeriggio insieme.

EMMA Ten sarebbe perfetto. Alla Piazza del Mercato Vecchio?

ADAM Ah, sì. Incontriamoci lì.

EMMA C'è qualcosa che non ti piace mangiare? Stavo pensando che possiamo portare solo panini e torte.

ADAM Suona bene. Mi piace tutto il cibo e amo la torta. Posso portare le bevande. Che ne dici di un po' d'acqua per la passeggiata e una cioccolata calda per pranzo?

EMMA Oh, la cioccolata calda è perfetta per un picnic al parco. Buona idea.

ADAM Oh, il mio amico è appena arrivato. Adesso andiamo in palestra insieme. Ma ci vediamo sabato alle dieci, ok?

EMMA Ok. Ci vediamo sabato. Vai a costruire dei muscoli, ne hai bisogno. Ciao.

ADAM Ahah, grazie. Ciao.

CAMERON Ehi, come va?

ADAM Sì, bene. E tu?

CAMERON Non male. Sei pronto per un duro allenamento oggi?

ADAM Sono nato pronto.

Adam e Cameron sono in palestra ad allenarsi e parlano dell'appuntamento di Adam con Emma.

ADAM Dai, puoi farne altri due.

CAMERON No, le mie braccia si stavano stancando troppo. Devo abbassare il peso per il mio prossimo set.

ADAM Questo è il mio ultimo set su questa macchina e poi passerò a lavorare sulle mie spalle. Sembro troppo magro.

CAMERON Penso che tu abbia un bell'aspetto. Forse qualche chilo in più, tutto qui. Hai bisogno di aiuto su questo set?

ADAM Sì, proverò a fare 12 ripetizioni, quindi probabilmente dovrai aiutarmi con le ultime.

CAMERON Ok, nessun problema. Stai ancora usando 65 chili per questo set?

ADAM No, penso che scenderò a 55 perché voglio completare lentamente questa serie di pulldown. Ho sentito che questo è il modo migliore per costruire muscoli. Ok, ho bisogno di aiuto con questo.

CAMERON Nessun problema. Vedrò quanti ne puoi fare e poi ti aiuterò quando vedrò che stai lottando.

ADAM Ok, grazie.

Phew, è stata dura. I miei avambracci sono morti. Ti aiuterò in questo se vuoi.

CAMERON No, penso di poterlo fare perché abbasserò il peso a 40 chili. Puoi andare oltre e iniziare con la pressa per le spalle.

ADAM Aspetterò solo che tu abbia finito, poi andremo insieme.

Guarda quel tizio laggiù. È enorme.

CAMERON Sì, l'ho visto lo scorso semestre fare flessioni in verticale come se niente fosse. È stato impressionante.

ADAM Non credo che vorrei essere così grande.

CAMERON Non preoccuparti, ci vorrebbero molti anni e molte droghe.

ADAM Non ne vale la pena. A proposito di integratori, bevi proteine in polvere?

CAMERONI comprava su internet proteine davvero a buon mercato, ma ho visto un documentario a riguardo. Dopo aver visto, mi sono reso conto che quello che ho comprato era probabilmente inutile e non salutare.

ADAM Allora non prendi niente dopo la palestra?

CAMERON A dire il vero, mi preparo il mio frullato proteico. Ha frutti e semi e burro di arachidi. È davvero salutare, ha più proteine rispetto alle polveri e ha un sapore fantastico. Te ne farò uno in più la prossima volta.

ADAM Fantastico, grazie. Ho portato con me solo un'insalata di tonno.

CAMERON Bene. Penso che le proteine naturali del cibo siano il modo migliore per ottenere le tue proteine.

ADAM Sono d'accordo. Ok, finiamo con questa macchina. Non dimenticare che il telefono è sul pavimento.

CAMERON Ehi, questo mi ricorda. Prima ti ho sentito al telefono dire qualcosa su sabato. Stavi parlando con una ragazza? Hai un appuntamento?

ADAM Sì, siamo stati a cena lo scorso fine settimana. Ci rivediamo questo fine settimana.

CAMERON Ah ah, quindi è per questo che vuoi ingrossarti. Vuoi impressionarla.

ADAM Ahah, no. Il mio fascino e il mio bell'aspetto sono sufficienti. Ad essere onesti, ci siamo davvero trovati d'accordo e penso che questa potrebbe diventare una relazione seria.

CAMERON Ma tu vivi a Taipei e dicono che le relazioni a distanza non funzionano mai.

ADAM Ho sentito anche questo. Ma mi ha detto che le piacerebbe vivere in Asia, quindi chissà cosa porterà il futuro.

Chapitre 14

La telenovela

Adam entra in soggiorno e nota Howard che guarda la TV.

ADAM Cos'è questo che stai guardando?

HOWARD Non ridere. Questa è una soap opera inglese che guardo ogni mattina.

ADAM Perché dovrei ridere, nonna Howard? Allora, di cosa parla lo spettacolo?

HOWARD Haha, beh questa coppia qui è fidanzata ma la donna è innamorata di suo fratello. Ha già baciato il fratello, ma il suo fidanzato non lo sa.

ADAM Un triangolo amoroso. Che originalità!

HOWARD Esattamente. Lo spettacolo è ambientato in un hotel a cinque stelle. Questo ragazzo qui è il manager ma ha avuto un incidente e ora non ricorda sua moglie o i suoi figli.

ADAM Finora c'è una relazione e una perdita di memoria. Immagino che una donna nello show sia incinta, ma non sa chi sia il padre.

HOWARD No, ti sbagli. Ha già partorito e abbiamo scoperto chi era il padre la scorsa settimana dopo aver fatto un test del DNA. Il suo fidanzato non è il padre.

ADAM Quindi avevo ragione sulla trama, solo tempismo sbagliato. Sono sicuro che qualcun altro rimarrà incinta presto.

HOWARD E qualcuno morirà più o meno nello stesso periodo. Una morte avviene sempre poco prima di una nuova nascita.

ADAM Cosa ti ha spinto a guardare questo programma?

HOWARD Mia madre lo guarda tutti i giorni, quindi lo guardavo sempre con lei mentre facevo colazione.

ADAM E quando sei uscito di casa?

HOWARD Cinque anni fa.

ADAM Quindi l'hai guardato volontariamente negli ultimi cinque anni?

HOWARD In realtà, c'è un'altra telenovela che viene trasmessa prima di questa ogni mattina. Li guardo entrambi.

ADAM Entrambi ambientati in un hotel?

HOWARD No. L'altro è ambientato in una città vicino a Manchester. Ha anche un hotel ma l'intera città è presente nello spettacolo.

ADAM Quindi puoi visitare il set e tutti i luoghi che vedi nello show?

HOWARD Non mi piace molto lo spettacolo. Sembra comunque un bel posto da visitare.

ADAM Non vorresti incontrare le star dello spettacolo?

HOWARD Non sono uno stalker. Basta guardarli in TV.

ADAM Non è noioso vedere le stesse trame ripetute più e più volte?

HOWARD Assolutamente no. È quello che vuole il pubblico.

ADAM È vero. Devono essere trame che le persone si aspettano, o non guarderanno più.

HOWARD In questo spettacolo, mi piace che i personaggi siano credibili ma drammatici.

ADAM Intendi dire che sono persone normali e comuni?

HOWARD Esattamente. E nuovi personaggi si uniscono allo spettacolo tutto il tempo e ci sono sempre attrici attraenti, specialmente questa sullo schermo adesso.

ADAM E qual è la sua storia? È la gemella perduta da tempo di qualcuno?

HOWARD Buona supposizione, ma no. È appena arrivata in città e vuole lavorare in albergo come cameriera. Penso che sarà amore a prima vista con il barista dell'hotel.

ADAM Sì, e poi si innamorerà della sua migliore amica e allora quello sarà il prossimo triangolo amoroso.

HOWARD Hmm, forse dovresti essere uno scrittore per lo spettacolo.

ADAM Troppo noioso.

HOWARD Se è così noioso, allora perché sei seduto qui con me a guardarlo?

ADAM Sto solo cercando di migliorare il mio inglese. A proposito, cosa ha fatto il ragazzo quando ha scoperto che il bambino non era suo? Ha litigato con l'altro ragazzo?

HOWARD Oh ora vuoi saperne di più! Non l'ha ancora detto a nessuno. Inoltre, il suo ragazzo è in prigione per aver ucciso l'uomo con cui andava a letto, ma non è stato lui.

ADAM Cosa?!

HOWARD Aspetta. Migliora. In realtà è stata sua madre a farlo per lui.

ADAM Credo sia meglio che lo guardi con te. Solo per la pratica inglese.

HOWARD Ok, ti credo, ma migliaia non lo farebbero.

ADAM A che ora va in onda tutti i giorni?

HOWARD Il primo inizia alle sei e mezza e dura quarantacinque minuti e poi questo inizia subito dopo per altri quarantacinque minuti. Di solito preparo la colazione prima che inizino e poi li guardo mentre mangio.

ADAM È un buon inizio di giornata. Ma non sono sicuro di riuscire ad alzarmi così presto.

HOWARD Ora hai una buona ragione per alzarti presto la mattina.

ADAM Allora dovrò dormire prima. Ma questo è impossibile a meno che non prenda un nuovo cuscino. Ho bisogno di qualcosa di solido.

HOWARD Oh, sono libero stasera se vuoi ancora venire all'IKEA con me?

ADAM Assolutamente. Sono entusiasta di vedere com'è e spero di acquistare un buon cuscino nel mio budget.

HOWARD Sono sicuro che lo farai. Stanotte dormirai bene. E poi ci vediamo domani presto per guardare con me le tue nuove soap opera preferite.

ADAM Non diciamo a nessun altro che guardiamo le soap opera insieme.

HOWARD Sono d'accordo. Non vogliamo che la gente ci chiami "le due nonne".

Chapitre 15

Il negozio IKEA

Adam e Howard sono arrivati all'IKEA e stanno facendo un giro per il negozio.

ADAM Questo posto è fantastico. Non posso credere di non aver mai fatto acquisti all'IKEA prima d'ora. A cosa servono queste frecce sul pavimento?

HOWARD Ti guidano in giro per il negozio per assicurarsi che tu veda tutto. Non sei obbligato a seguirli, ma lo faremo dato che non sei mai stato qui prima. Possiamo camminare velocemente perché le cose che vogliamo comprare sono in realtà al piano di sotto.

ADAM C'è un altro piano di sotto! Freddo!

HOWARD Il ristorante è a questo livello, quindi quando finiremo questo livello saremo pronti per mangiare.

ADAM Questo display dice che sono quaranta metri quadrati. Sai cosa significa nei piedi?

HOWARD Direi poco più di 400 piedi quadrati.

ADAM Wow, è minuscolo. Come sono riusciti a inserire tutti questi mobili in questo piccolo appartamento e farlo sembrare bello? Mi piacerebbe vivere in un appartamento come questo.

HOWARD Non è niente di speciale. Ha solo l'essenziale e niente di più. Ad esempio, un letto e un armadio, un divano e una TV e una cucina attrezzata.

ADAM È perfetto per uno studente, se preferisce vivere da solo.

HOWARD Penso che sia più adatto a una vecchia coppia di pensionati. Tutto è a portata di mano. Se era uno studente, non potevano invitare nessuno. Non c'è spazio per più di due ospiti.

ADAM Buona osservazione. Ma non credo che agli anziani piacerebbe questo stile moderno. Ehi, sembra il tavolo del nostro salotto.

HOWARD Quello è il tavolo del nostro salotto. Ho aiutato a costruirlo quando il proprietario l'ha comprato un paio di anni fa.

ADAM Oh sì, devi costruire tu stesso alcune delle cose da qui.

HOWARD Devi costruire ogni mobile che compri da qui, anche un divano.

ADAM Un divano?! Come diavolo fanno le persone normali a costruire un divano?

HOWARD Probabilmente non è così difficile come pensi. Forniscono istruzioni chiare e sono sicuro che un divano non ha così tante parti separate.

ADAM Suppongo che sia più facile portarlo a casa tua se è in pezzi più piccoli.

Adam e Howard sono seduti al ristorante dell'IKEA a parlare del cibo.

HOWARD Ah, hai le polpette svedesi. Bella scelta.

ADAM Non ho resistito. Avevano un odore troppo buono. Cosa hai preso?

HOWARD Hanno un'offerta speciale per il salmone, quindi l'ho presa.

ADAM Ho visto l'annuncio ma non l'ho visto al bancone. Non ho mai provato polpette così.

HOWARD Non li vendono a Taipei?

ADAM Solo le polpette all'italiana.

HOWARD Lo sai che qui vendono polpette surgelate? Puoi comprarne un po' quando partiamo e cucinarli a casa qualche volta.

ADAM Sul serio? Li comprerò sicuramente. Posso cucinarli con la pasta.

HOWARD È quello che ho fatto, ma mi sono stufato di mangiare quel piatto così spesso. Mi sto prendendo una pausa dalle polpette per un po'. Sei stato tentato dalla torta?

ADAM Ci ho pensato, ma non dovrei mangiare cibi zuccherati così tardi. Perché non ne hai preso uno?

HOWARD Per lo stesso motivo delle polpette. Mangio la torta ogni volta che vengo qui, e ne ho sempre mangiate almeno due ogni volta. Stavo ingrassando troppo.

ADAM Potrei averne uno la prossima volta. Qual è la tua torta preferita?

HOWARD Mi piace di più la torta di carote, ma spesso prendo anche una macedonia perché costa poco.

ADAM Che frutta hanno?

HOWARD Tutti i tipi, ma cerco di riempire la ciotola con quanta più ananas possibile.

ADAM Caesar salad e una macedonia di frutta. Comincio a pensare che tu abbia davvero mangiato troppe polpette e torte.

HOWARD Te l'ho detto. Devo mangiare più sano per un po'. Ma non preoccuparti, una volta che mi stancherò di insalate, mangerò di nuovo un sacco di polpette e torte.

Adam e Howard hanno finito di mangiare e sono al piano di sotto a guardare cuscini e lampade.

ADAM Credo che prenderò questo. Soddisfa le mie esigenze: solido ed economico.

HOWARD Non vuoi un cuscino di gommapiuma? Ho sentito che sono i migliori.

ADAM Quella commessa invadente mi ha già detto tutto quello che c'era da sapere sui cuscini. Ho deciso che il prezzo è la cosa più importante per me.

HOWARD Quale commessa?

ADAM Sono andato al grande magazzino in centro città e lei ha continuato a cercare di vendermi un cuscino costoso anche dopo che le avevo detto il mio budget.

HOWARD Probabilmente perché erano di prima qualità. Ricorda che devi comprare una federa.

ADAM Oh sì. L'ho dimenticato. Puoi andare alle lampade e io ti raggiungo. Cercherò una federa economica.

HOWARD Ok, certo. Ho già visto quello che voglio online, quindi sarò veloce. Se non mi vedi alle lampade, sarò al reparto piante.

ADAM Ti compri delle piante per la tua stanza o per l'appartamento?

HOWARD Per la mia stanza. Ne ho comprati alcuni davvero carini qualche mese fa ma sembrano già morti.

ADAM Nemmeno io so tenere in vita le piante. Potrei comprare anche un paio di piante per la mia stanza. Forse avrò più fortuna a tenerli in vita in Inghilterra.

HOWARD Pensavo bastasse annaffiarli e loro si prendessero cura di se stessi.

ADAM E alcuni hanno bisogno della luce del sole. Ma la giusta quantità. Troppo o troppo poco e moriranno.

HOWARD Forse non hai parlato abbastanza con loro.

ADAM Parli con le tue piante? I miei genitori penserebbero che sono pazzo se mi sentissero parlare con le piante.

HOWARD Invece canta per loro. Allora i tuoi genitori penseranno che stai solo cantando.

Chapitre 16

La spesa

Adam e sua madre sono arrivati al supermercato locale per fare la spesa.

SIGNORA. JACKSON Cosa stai comprando?

ADAM Voglio comprare l'avena per colazione, ma non so cos'altro mi serve.

SIGNORA. JACKSON Semplice avena? Non avrà un sapore molto gradevole. E il miele o la frutta secca?

ADAM Sì, è quello che intendevo. Avena e tutte le altre cose che aggiungerò.

SIGNORA. JACKSON Avresti dovuto fare una lista. È facile dimenticare di comprare le cose che volevi comprare e poi compri cose che non ti servono.

ADAM Di solito cerco solo prodotti freschi che sono in offerta in quel momento.

SIGNORA. JACKSON Non hai bisogno di pane e latte e carne e pasta e riso? E forse anche articoli da toeletta o prodotti per la pulizia?

ADAM Sì, ho intenzione di fare un giro per tutto il negozio e prendere quello che mi serve quando lo vedo.

SIGNORA. JACKSON Ma se pianifichi i tuoi pasti in anticipo, allora sai cosa comprare e non spenderai troppo. Inoltre, non passerai il tempo a casa a pensare a cosa fare con gli ingredienti che hai comprato.

ADAM È così che faccio acquisti a casa e non è mai stato un problema. Finché ho l'avena a casa per colazione, allora posso pensare agli altri pasti più tardi.

SIGNORA. JACKSON Ok, allora.

ADAM Prendo un cestino della spesa.

SIGNORA. JACKSON Meglio prendere un carrello della spesa, così puoi appenderci la tua borsa invece di portarla con te e la tua spesa. Ecco cinquanta pence per il carrello della spesa.

ADAM Grazie. Torno in un secondo.

Ecco i tuoi cinquanta pence indietro. Ci vuole solo una moneta da una sterlina.

SIGNORA. JACKSON Tienilo e basta. Sto cercando di sbarazzarmi delle mie monetine prima di tornare a casa. Fammi mettere la giacca nel carrello. Ok, allora che verdure vuoi?

ADAM Prenderò sicuramente carote e pomodori. Al momento sono in offerta. Anche le cipolle.

SIGNORA. JACKSON E la patata dolce?

ADAM Vorrei comprarlo, ma è un po' caro. Le patate normali però costano poco. Devo comprarli in un sacco da 3 kg? Non credo di poterli finire tutti mentre sono ancora freschi.

SIGNORA. JACKSON Queste patate costano solo 1,99 sterline al chilo. Quanti ne vuoi?

ADAM Uhm, strano. Il prezzo al chilo è ancora più costoso del sacco da 3 kg. Comprerò solo la borsa grande.

SIGNORA. JACKSON Puoi sempre condividerli con Howard.

ADAM Penso che le verdure siano sufficienti per un paio di giorni. Quelle banane sembrano buone. Penso che ne prenderò un po' per uno spuntino all'università.

SIGNORA. JACKSON Guarda le mele. Ne paghi uno, ne prendi uno gratis.

ADAM Ma poi dovrò mangiare 2 kg di mele. A meno che non li condivida anche con Howard.

SIGNORA. JACKSON Forse voi due dovreste fare acquisti insieme in futuro.

Adam e sua madre sono alla cassa a pagare la spesa.

NEGOZIO ASSISTENTE Hai dimenticato di pesare queste banane e di mettere un adesivo sul sacchetto.

ADAM Oh, scusa. Non sapevo di doverlo fare.

NEGOZIO ASSISTENTE Li vuoi ancora?

ADAM Sì, devo tornare subito a pesarli?

NEGOZIO ASSISTENTE No, no. Per favore, usa la bilancia proprio lì vicino alla cassa 3 e torna indietro.

ADAM Ok, ritorno tra un minuto.

OK. Ecco qui. Non sapevo dovessi farlo da solo qui. Perché non me l'hai detto?

SIGNORA. JACKSON Nemmeno io lo sapevo. Non mi è mai stato chiesto di pesare personalmente frutta e verdura. Di solito lo fanno alla cassa.

NEGOZIO ASSISTENTE Non tutti i supermercati lo fanno alla cassa. Alcuni devi farlo da solo. Ma non è un problema se dimentichi. C'è sempre una bilancia nelle vicinanze.

ADAM Buono a sapersi.

NEGOZIO ASSISTENTE Hai una carta fedeltà?

ADAM No, che cos'è?

NEGOZIO ASSISTENTE E' una carta fedeltà del cliente. Puoi usarlo in molti negozi locali per raccogliere punti. I punti possono quindi essere scambiati con credito negozio per risparmiare sui tuoi acquisti.

ADAM Non credo che starò qui abbastanza a lungo per raccogliere abbastanza punti.

NEGOZIO ASSISTENTE Il tuo totale è £ 23,45. Come volete pagare?

ADAM Con carta per favore.

NEGOZIO ASSISTENTE Vuoi un rimborso in contanti?

ADAM Hmm, forse dovrei. Posso avere 40 sterline per favore?

NEGOZIO ASSISTENTE OK. Basta inserire la tua carta nella parte inferiore e inserire il tuo pin.

ADAM Spero che funzioni.

NEGOZIO ASSISTENTE Tira fuori la tua carta. Vuoi lo scontrino?

ADAM No grazie.

SIGNORA. JACKSON Dovresti sempre prendere la ricevuta.

ADAM Ok allora, sì per favore dammi la ricevuta.

NEGOZIO ASSISTENTE Ed ecco le tue 40 sterline. Buona giornata.

ADAM Grazie. Anche tu. Ciao.

Chapitre 17

La madrina

Adam e sua madre stanno visitando la madrina di Adam.

SIGNORA. NERO Wow, guarda quanto sei alto. Non riesco a credere quanto sei alto. Devono darti da mangiare bene a Taiwan. L'ultima volta che ti ho visto, eri solo fino a qui. Quanto sei alto adesso?

ADAM Sono 180 cm. Non è così alto.

SIGNORA. JACKSON In realtà è uno dei più bassi della sua classe. Lo è sempre stato dall'asilo.

SIGNORA. NERO Beh, sei ancora molto alto per me. Ti ricordi di me?

ADAM Non proprio. Quanti anni avevo?

SIGNORA. NERO Era alla tua festa del quinto compleanno. Siamo volati a Taipei solo per vederti.

ADAM Tutto quello che ricordo di quella festa è che il mio migliore amico mi ha regalato una calcolatrice.

SIGNORA. JACKSON È tutto ciò che ricordi? Né il clown né la torta di compleanno?

ADAM Niente. Solo la calcolatrice.

SIGNORA. NERO Ricordo ancora quel pagliaccio. Era molto bravo. Non era uno dei tuoi vicini?

SIGNORA. JACKSON Sì. Il signor Huang dall'altra parte della strada.

ADAM Il vecchio signor Huang! Ma odia i bambini. Ci rimproverava sempre perché giocavamo a hockey per strada.

SIGNORA. JACKSON Stava solo cercando di proteggerti dall'essere investito da un'auto. A quel tempo vivevamo in una strada molto trafficata.

ADAM Non ricordo che fosse così occupato. Il nostro quartiere era così tranquillo. Ero felice che ci fossimo trasferiti prima che iniziassi il liceo.

SIGNORA. NERO Grandi ricordi. Riesci a credere che siano passati 15 anni da quando ci siamo visti?

SIGNORA. JACKSON Lo so. È passato troppo tempo.

SIGNORA. NERO Lo sapevi che io e tua madre ci vedevamo tutti i giorni quando eravamo adolescenti?

ADAM Sì, ha detto che eravate migliori amiche. Ed è per questo che ti ha chiesto di essere la mia madrina.

SIGNORA. NERO Mi ha presentato a mio marito. Inizialmente voleva uscire con tua madre, ma lei gli ha detto di chiedermi di uscire.

SIGNORA. JACKSON Sapevo che voi due eravate una coppia migliore. Sognavo di viaggiare per il mondo, quindi non volevo un ragazzo.

SIGNORA. NERO Beh, avevi ragione. A proposito, quando hai detto che saresti venuto, ho guardato alcune delle nostre vecchie foto. Ecco uno di me e tua madre che andiamo in discoteca.

ADAM Haha, mamma, guarda la tua pettinatura.

SIGNORA. JACKSON Questa era la tendenza in quel momento. Sono sicuro che i tuoi figli guarderanno le tue foto e rideranno.

SIGNORA. NERO Ed ecco uno di noi al mercatino di Natale. Quello è stato il giorno dopo che mio marito ha proposto e stavamo festeggiando con il sidro caldo.

ADAM Sembrate entrambi molto felici. Tuo marito è al lavoro adesso?

SIGNORA. NERO Sì, lavora come vigile del fuoco. Anche i nostri due figli lavorano come vigili del fuoco, ma in postazioni diverse.

ADAM Ottimo. Quanti anni hanno?

SIGNORA. NERO Alan ha 31 anni e John 29.

ADAM Sono sposati?

SIGNORA. NERO John ha sposato la sua ragazza del liceo quando aveva 18 anni e hanno tre bellissimi bambini. Alan era sposato ma hanno divorziato di recente. Condividono la custodia della figlia.

SIGNORA. JACKSON E tu? Come ti stai godendo la pensione?

ADAM Oh, sei in pensione? Dove lavoravi prima?

SIGNORA. JACKSON Era una direttrice di banca.

SIGNORA. NERO Esatto. Appena i bambini hanno iniziato l'asilo sono andata a lavorare in banca e sono rimasta lì per più di 25 anni.

ADAM Non mi ero reso conto che l'età pensionabile in Inghilterra fosse così bassa.

SIGNORA. NERO Non lo è. Ho deciso di andare in pensione presto e prendere lezioni di arte.

SIGNORA. JACKSON Questo mi ricorda che ti ho fissato un appuntamento in banca per parlare con un rappresentante della compagnia di assicurazioni.

ADAM Sanno a cosa serve l'appuntamento?

SIGNORA. JACKSON Sì, il rappresentante Mr. Booth ti spiegherà tutto.

SIGNORA. NERO Oh, questa foto è divertente. Questa è tua madre dopo che ha rotto lo specchio mentre faceva una verticale.

SIGNORA. JACKSON Quello specchio era un pezzo d'antiquariato. Tuo nonno era furioso. Questo è un buon esempio del motivo per cui hai bisogno di un'assicurazione di responsabilità civile.

ADAM La tua assicurazione pagata per riparare lo specchio

SIGNORA. JACKSON Non avevamo l'assicurazione. Ecco perché era furioso.

SIGNORA. NERO mi ricordo. Di solito rideva delle pazzie che facevamo, ma quella volta era davvero arrabbiato.

SIGNORA. JACKSON Dice sempre che non è cristiano essere arrabbiati.

SIGNORA. NERO Sì, ricordo che lo disse. Vai in chiesa, Adam?

ADAM No. Andavo in chiesa ogni settimana quando ero giovane, ma ora solo a Natale.

SIGNORA. NERO Anche i miei figli non sono molto religiosi. Li invitiamo in chiesa ogni domenica, ma hanno sempre delle scuse.

SIGNORA. JACKSON La generazione più giovane semplicemente non è interessata alla chiesa.

ADAM È difficile per me credere in Dio quando studio così tanto sulla storia del mondo.

Chapitre 18

La bacheca

Adam ei suoi compagni di classe stanno guardando gli avvisi sulla bacheca dell'università.

GABRIELE Ah, £ 200 per una chitarra acustica G2000 di seconda mano. Puoi comprarne uno nuovo di zecca per meno di quello. Chiunque abbia messo quell'annuncio sta sognando.

CAMERON Dice 200 sterline o la migliore offerta. Il venditore ha messo £ 200 ma probabilmente accetterà un'offerta per molto meno.

ADAM Chissà se vale lo stesso per questa moto. Dice £ 450 ma non voglio pagare così tanto se lo uso solo per pochi mesi.

GABRIEL È un buon modello. Se funziona, allora è un buon prezzo. Quelli nuovi costano circa £ 1500.

CAMERON Penso che faresti meglio ad andare al mercato delle biciclette. Lì puoi provare diverse bici e confrontare i prezzi.

ADAM Penso che tu abbia ragione. Non voglio sprecare il mio tempo o il tempo del venditore se non accetta la mia offerta.

GABRIEL Non riesco ancora a credere alla pubblicità di quella chitarra acustica.

CAMERON Non è così strano. Forse ha pagato molto più di 200 sterline.

GABRIEL Se riceve 200 sterline per quella chitarra, metterò un annuncio per la mia vecchia chitarra acustica per 500 sterline. Le corde sono rotte, ma è comunque un modello migliore di quello.

CAMERON Dubito che qualcuno comprerà una chitarra con le corde rotte per 500 sterline. Ora stai sognando.

GABRIELE Vedremo. Allora, Adam, stai cercando una bici?

ADAM Ci sto pensando. Sarebbe bello andare in bicicletta per la città e nella foresta.

GABRIEL Quando ne avrai uno, fammi sapere. Conosco alcuni sentieri davvero entusiasmanti nella foresta dove possiamo andare.

ADAM Ah, eccellente. Ne comprerò sicuramente uno allora.

CAMERON Allora devi comprare una mountain bike.

ADAM Bene, questo rende più facile la ricerca quando vado al mercato.

GABRIEL Nel frattempo posso chiedere al mio coinquilino se puoi usare la sua bicicletta, se vuoi ?

ADAM Grazie, ma non mi piace prendere in prestito cose da altre persone. Aspettiamo finché non ne compro uno per me stesso.

GABRIEL L'offerta è aperta se cambi idea.

CAMERON E puoi inserire un annuncio qui per venderlo prima di tornare a Taipei.

GABRIELE E rendi il prezzo molto più alto di quello che hai pagato.

ADAM Haha, forse posso fare dei soldi.

CAMERON A proposito di soldi, guarda tutti gli annunci di tutor di matematica. Come mai nessuno ha mai avuto bisogno di un tutor per la storia?

GABRIELE Lo so. I tutor di matematica possono fare così tanti soldi. Mi piacerebbe guadagnarlo per poche ore a settimana.

ADAM Non vieni pagato molto per i tuoi concerti?

GABRIEL I soldi vanno bene, ma dobbiamo dividerli tra quattro membri della band.

CAMERON Quanto sei bravo in matematica allora, Adam? Pensi di poter fare da tutor a uno studente delle superiori?

ADAM Non ricordo niente della matematica che ho imparato a scuola. Anche se mi piacerebbe guadagnare un po' di soldi extra mentre sono qui. Ci sono annunci per lavori part time?

CAMERON Eccone uno per una babysitter.

GABRIELE Haha, quanto sei bravo con i bambini, Adam?

ADAM Ignoriamo quello. Cosa altro c'è?

CAMERON Eccone uno per un call center. Dice 50 sterline l'ora.

GABRIEL Deve essere telemarketing.

ADAM Odio quando le persone mi chiamano e cercano di vendermi qualcosa, quindi non voglio diventare una di quelle persone. Cosa stanno vendendo?

CAMERON Non lo dice.

GABRIEL Cercherò il nome dell'azienda online.

Il loro sito web dice che vendono assicurazioni.

ADAM Questo è il peggior tipo di telemarketing.

CAMERON Non dice telemarketing. Potrebbe essere qualcos'altro.

GABRIEL Per quella cifra oraria, dev'essere telemarketing.

ADAM Inoltre, non credo che il mio inglese sia abbastanza buono da convincere qualcuno al telefono a stipulare un'assicurazione.

GABRIEL Sarà un buon allenamento per migliorare.

CAMERON Hmm, non vedo nessun altro lavoro qui.

ADAM Immagino che non ci siano molti lavori per gli studenti a Nottingham.

CAMERON Non necessariamente. Questa è solo una bacheca.

GABRIEL Molti posti di solito fanno pubblicità sui giornali o nelle vetrine dei negozi se vuoi lavorare come commessa.

CAMERON E puoi sempre chiedere al centro di carriera universitario. Oppure parla con il professore.

ADAM Perché parlare con il professore?

CAMERON Conosce molte persone a Nottingham e spesso riceve richieste che chiedono se qualcuno dei suoi studenti è interessato al lavoro.

GABRIEL Sì, ha anche trovato un lavoro per me e pochi altri per fare un lavoro per qualche giorno al municipio.

ADAM Ok, allora gli chiederò se ha qualche opportunità di lavoro part time.

Chapitre 19

La libreria

Sabato, Adam ed Emma passeggiano per Nottingham. Vanno in una libreria e parlano dei loro libri preferiti.

ADAM Non è una buona giornata per una passeggiata.

EMMA No, non è molto bello fuori oggi.

ADAM La mia app meteo dice che presto pioverà. Mi piace l'inverno, ma a volte fa troppo freddo e piove.

EMMA So cosa intendi. Mi piacciono sia l'inverno che l'estate, ma preferisco il freddo al caldo.

ADAM È proprio così che mi sento. Quando fa freddo puoi semplicemente indossare i vestiti invernali. Ma quando fa troppo caldo, non puoi fare niente. Tranne togliersi tutti i vestiti, ovviamente.

EMMA Ah, penso che verresti arrestato per questo.

ADAM Dipende da dove lo fai. Nel mezzo della città non sarebbe una buona idea.

EMMA Forse è meglio restare in casa o andare in un negozio con l'aria condizionata. Come una libreria.

ADAM Buona idea. Ci sono buone librerie a Nottingham?

EMMA Sì, ce n'è uno proprio qui.

ADAM Ah sì. Entriamo prima che inizi a piovere. Ecco, fammi aprire la porta.

EMMA Che tipo di libri ti interessano?

ADAM A parte i libri di storia, mi piacciono molto le autobiografie.

EMMA Anch'io. Voglio dire, mi piacciono le autobiografie, non i libri di storia. Credo che si trovino al secondo piano. Questo piano è riservato ai romanzi di finzione.

ADAM Non ti piacciono i romanzi?

EMMA Ne ho lette molte, ma ne ho lette solo alcune che mi sono piaciute. Hai letto *L'alchimista* ?

ADAM Sì, credo che l'abbiano letto tutti. La mia narrativa preferita è la trilogia fantasy *Il Signore degli Anelli.* Inoltre, *Lo Hobbit* ovviamente. Li hai letti?

EMMA No, ho visto i film, ma non sono una grande fan del fantasy. Meglio i libri o i film?

ADAM I libri sono molto più descrittivi e hanno più personaggi rispetto ai film, quindi mi piacciono, ma i film erano fantastici. Il terzo film è tra i miei primi tre film preferiti di tutti i tempi.

EMMA C'è un libro che ti vergogni di amare? Voglio dire, saresti imbarazzato se qualcuno scoprisse che ti è piaciuto un certo libro?

ADAM Credo che tu me lo chieda perché ne hai uno di cui ti vergogni.

EMMA Ti dirò la mia se tu mi dici la tua.

ADAM Ahah, ok. Ma non ridere. Adoro il libro *Il diario di Bridget Jones.*

EMMA *Il diario di Bridget Jones!* Wow, non me l'aspettavo.

ADAM È un bestseller. Ciò significa che molte persone adorano quel libro.

EMMA Sì, donne.

ADAM Allora qual è il tuo?

EMMA Non è così imbarazzante come il tuo. Adoro i libri di Harry Potter.

ADAM Perché ti vergogni di amarli? Molti adulti e bambini li adorano. Vorrei non averti detto la mia adesso.

EMMA Non preoccuparti, il tuo segreto è al sicuro con me.

ADAM Oppure dimentica che ho detto quel libro. Stavo solo scherzando comunque.

EMMA Non credo. Penso che ami davvero quel libro e probabilmente anche i sequel.

ADAM Non risponderò. Allora hai un'autobiografia preferita?

EMMA Ahah, provo a cambiare argomento. Beh, non ce n'è uno che si distingue come preferito. Leggo spesso autobiografie di filosofi, ma mi piacciono di più quelle dei comici. Sono più divertenti da leggere.

ADAM A volte i comici hanno le storie di vita più tragiche. E molti si suicidano. Sai chi è Robin Williams?

EMMA Non credo. È americano?

ADAM Sì, era un comico e una star del cinema molto famoso. Si è improvvisamente suicidato nel 2014.

EMMA Oh, che tristezza! No, i comici che mi piacciono sono tutti inglesi. Le loro vite sono più simili alle mie ma più divertenti. Penso che sia per questo che mi piacciono.

ADAM Oh, allora forse puoi consigliarmene uno quando arriviamo alla sezione della biografia al piano di sopra.

EMMA Certo, ma non credo che sarà in cinese. Sai leggere libri in inglese?

ADAM Se è scritto in uno stile colloquiale, allora dovrei essere in grado di farlo.

EMMA Ok, bene, perché non credo che le battute si tradurrebbero bene in cinese.

ADAM Se ho bisogno di aiuto, allora puoi venire ad aiutarmi.

EMMA Ahah, vediamo. E tu? Hai un'autobiografia o una biografia preferita?

ADAM I miei preferiti sono di famosi conquistatori ed esploratori.

EMMA Quindi intendi gente come Napoleone?

ADAM Sì, come Napoleone, ma anche scrittori moderni come Bill Bryson. In realtà è anche uno scrittore divertente. Ti piacerebbero i suoi libri.

EMMA Ok, puoi consigliarmi uno dei suoi.

ADAM Vuoi leggere in cinese o in inglese?

EMMA In inglese, ovviamente. O ti stai offrendo di venire da me e aiutarmi a leggere la versione cinese? Ma dovresti sapere che mi piace solo leggere a letto.

Chapitre 20

L'autobus per l'aeroporto

Alla fermata dell'autobus, Adam sta salutando sua madre mentre torna a Taiwan.

ADAM Sei sicuro di non volere che venga con te all'aeroporto?

SIGNORA. JACKSON Sì, ne sono sicuro. Probabilmente hai dei compiti da fare o vuoi incontrare i tuoi amici.

ADAM No, non ho nessun programma.

SIGNORA. JACKSON Va bene. Ho una rivista, quindi non mi annoierò.

ADAM Allora buon viaggio. Fammi sapere quando arrivi sano e salvo.

SIGNORA. JACKSON Lo farò. E studi duramente e continui a praticare il tuo inglese. Ma divertiti anche un sacco, ovviamente.

ADAM Lo farò. Mi sto già divertendo un sacco.

SIGNORA. JACKSON Sì, tuo padre mi ha detto che avevi conosciuto una ragazza.

ADAM Te l'ha detto! Avrebbe potuto almeno aspettare finché non fossi tornata a casa.

SIGNORA. JACKSON Beh, sii prudente. Se sai cosa voglio dire.

ADAM Certo, mamma. Non devi dire.

SIGNORA. JACKSON Mi sto solo assicurando. E contatta i tuoi cugini. Non vedono l'ora di incontrarti.

ADAM Anch'io non vedo l'ora di conoscerli. Manderò loro un messaggio la prossima settimana.

SIGNORA. JACKSON Sì, non aspettare fino all'ultimo minuto altrimenti sarai troppo impegnato con gli esami e non avrai tempo per incontrarli.

ADAM Sono sicuro che li vedrò nelle prossime due settimane circa.

SIGNORA. JACKSON E vai spesso a trovare tuo nonno. Potresti non rivederlo mai più dopo che avrai lasciato l'Inghilterra.

ADAM Lo farò. Potrebbe effettivamente essere in grado di aiutarmi con alcuni incarichi sulla storia di Nottingham.

SIGNORA. JACKSON Puoi ringraziarlo aiutandolo con il giardinaggio. È troppo vecchio per stargli dietro.

ADAM Certo, lo aiuterò con tutto ciò di cui ha bisogno.

SIGNORA. JACKSON Bravo ragazzo. Sei sicuro di avere abbastanza soldi?

ADAM Sì. Sto pensando di trovare un lavoro part-time per una paghetta extra, ma ho abbastanza per comprare le cose che mi servono.

SIGNORA. JACKSON Ti ho lasciato comunque una busta con dentro dei soldi sotto il tuo portatile nella tua stanza.

ADAM Mamma, davvero non avresti dovuto. Ma grazie.

SIGNORA. JACKSON Beh, dovrei salire e trovare un posto prima che l'autobus parta. Addio tesoro. Vieni a dare un abbraccio alla tua mamma.

ADAM Addio mamma. Occuparsi.

SIGNORA. JACKSON Anche tu. Ti farò sapere quando arrivo a casa. Ti amo.

ADAM Ti amo anch'io. Ci vediamo tra qualche mese.

Adam è tornato nel suo appartamento e sta parlando con Howard.

HOWARD Quindi tua madre torna a casa oggi?

ADAM Sì, l'ho appena salutata alla stazione. Mi sono offerto di accompagnarla all'aeroporto, ma ha detto che può andarci da sola.

HOWARD Non è così lontano. Potrebbe essere lì in meno di un'ora, a seconda del traffico.

ADAM Oh, è così veloce in autobus? Abbiamo preso un taxi quando siamo arrivati qui.

HOWARD E se fossi andato con lei, avresti dovuto comprare un biglietto di ritorno.

ADAM È vero. Ho risparmiato un po' di soldi.

HOWARD Inoltre, avresti dovuto tornare tu stesso dall'aeroporto.

ADAM Tanto non faccio niente. Avrei solo ascoltato musica sulla via del ritorno.

HOWARD Cosa stai ascoltando ultimamente?

ADAM Oh, di solito metto la mia collezione in ordine casuale. È un misto di rock, pop e indie. Ci sono forse anche una o due canzoni r&b.

HOWARD La mia collezione è più o meno la stessa. Ma finisco per ascoltare solo la radio. Lascio che decida cosa ascolto. Anche se mi piace ascoltare musica strumentale mentre studio.

ADAM Come sono le stazioni radio qui? Vanno bene?

HOWARD Quelli locali non sono male. Spesso senti ripetere le stesse canzoni, ma questo è comune per le stazioni radio di qualsiasi paese.

ADAM Buono a sapersi. Oh, mia madre mi ha messo in imbarazzo alla stazione. Mio padre le ha detto che ho incontrato una ragazza e lei voleva assicurarsi che facessi sesso sicuro.

HOWARD Cosa hai detto?

ADAM Certo, ho detto certo. Ma è l'ultima volta che gli dico qualcosa.

HOWARD O la prossima volta dovresti dirgli di non dirlo a tua madre.

ADAM Hai ragione. Non voglio smettere di parlare con lui. Abbiamo un buon rapporto.

HOWARD Probabilmente non sapeva che volevi tenerlo segreto a tua madre. Forse pensava che lei lo sapesse già.

ADAM Parla del diavolo. Mi ha appena mandato un messaggio.

HOWARD Ah, sapeva che stavi parlando di lei.

ADAM Oh no, la polizia ha fermato l'autobus sulla strada per l'aeroporto.

HOWARD Cosa? Ha detto perché?

ADAM Oh mio Dio! Ha detto che c'è un camion davanti all'autobus che dice "Unità per l'eliminazione delle bombe"!

Plus de Dialog Abroad

Ce livre vous aide-t-il dans votre parcours d'apprentissage ? Vos réflexions sur Amazon seraient grandement appréciées. Votre avis aide non seulement les autres apprenants en langue, mais fournit également des informations précieuses pour des personnes comme vous. Merci pour votre contribution à la communauté !

www.ingramcontent.com/pod-product-compliance
Lightning Source LLC
LaVergne TN
LVHW041149150826
845673LV00001B/112

* 9 7 8 3 9 8 5 5 2 2 4 1 5 *